贝页
ENRICH YOUR LIFE

HOW TO SPEAK HUMAN

A Practical Guide to Getting the Best from the Humans You Work with

如何说人话

你不必现在就开始说机器语言

〔澳〕杜格尔·杰克逊　〔澳〕珍妮弗·杰克逊 | 著　　尚维维 | 译
Dougal Jackson　　　Jennifer Jackson

文匯出版社

图书在版编目（CIP）数据

如何说人话：你不必现在就开始说机器语言 /（澳）杜格尔·杰克逊，（澳）珍妮弗·杰克逊著；尚维维译. -- 上海：文汇出版社，2020.5

ISBN 978-7-5496-3170-4

Ⅰ. ①如… Ⅱ. ①杜… ②珍… ③尚… Ⅲ. ①企业管理—人际关系学—通俗读物 Ⅳ. ① F272.92-49

中国版本图书馆 CIP 数据核字（2020）第 061927 号

How to Speak Human: A Practical Guide to Getting the Best from the Humans You Work with
by Dougal Jackson and Jennifer Jackson, ISBN: 9780730359531

Copyright © John Wiley & Sons Australia, Ltd 2018
All Rights Reserved. This translation published under license. Authorized translation from the English language edition, published by John Wiley & Sons. No part of this book may be reproduced in any form without the written permission of the original copyrights holder. Copies of this book sold without a Wiley sticker on the cover are unauthorized and illegal.

本书中文简体版由 John Wiley & Sons, Inc. 公司授权出版。未经许可，不得以任何手段和形式复制或抄袭本书内容。本书封底贴有 Wiley 防伪标签，无标签者不得销售。

上海市版权局著作权合同登记号：图字 09-2020-314 号

如何说人话：你不必现在就开始说机器语言

作　　者	/（澳）杜格尔·杰克逊　（澳）珍妮弗·杰克逊
译　　者	/ 尚维维
责任编辑	/ 戴　铮
封面设计	/ 张　微
版式设计	/ 汤惟惟
出版发行	/ 文匯出版社
	上海市威海路 755 号
	（邮政编码：200041）
印刷装订	/ 上海颛辉印刷厂
版　　次	/ 2020 年 5 月第 1 版
印　　次	/ 2020 年 6 月第 1 次印刷
开　　本	/ 700 毫米 ×1000 毫米　1/16
字　　数	/ 178 千字
印　　张	/ 15
书　　号	/ ISBN 978-7-5496-3170-4
定　　价	/ 49.00 元

纪念 M.L.T

我们最爱的人之一,是您教会我们文字的价值。

目　　录

关于作者	1
高举人性的大旗	5
如何说人话	15
如何说什——么？	21
好奇心 如饥似渴的好奇心	23
预期 预期带来的强烈痛苦	41
惊讶！ 意外之事带来的意外惊喜	53
视觉 视觉的感官优势	67
当心…… 习惯化的潜伏之惑	83
讲故事 一个表述精彩的故事带来的搔痒般快感	91
情绪 情绪化的逻辑悖论	105
幽默 搞笑，我们是认真的	117
警惕…… 错综复杂的复杂性	127
词语 讲究措辞的力量	141
名字 一个精挑细选的名字所散发的无比芬芳	153
语言 语言改变观念的力量	165
方式 方式匹配信息的好处	187
当心…… 为平庸找的众多借口	207
时间、潮汐和改变的必然性	217
因此……	221
鸣谢	223
索引	225

关于作者

杜格尔（Dougal）与珍·杰克逊（Jen Jackson）是极其富有好奇心的一对儿，他们对那些能够给人们带来启发的事和物充满了热情。作为员工体验公司 Jaxzyn 的创始人，他们将与多样化的团队——智库、沟通者、创造者和执行者们——合作视为极大的幸运。为了使我们的工作环境更加人性化，他们创造并且实践了各种各样的方法。

Jaxzyn 是一个小型企业，但拥有宏大的愿景：他们坚定不移地相信公司可以兼顾多方利益。企业不仅可以营利，还可以造福于社会与环境。同时，企业也可以成为人们理想的工作场所，员工们能够高高兴兴上班来，更可以高高兴兴回家去，企业可以让员工们认为这一天相较于其他事情来说来上班是更佳的决定。也许我们有些过分乐观了，但是我们更愿意去相信这个世界有变得更好的可能性。

长期以来，我们都非常荣幸能够与那些志同道合的公司企业合作，比如百事可乐公司（PepsiCo）、美泰公司[1]（Mattel）、诺华公司[2]（Novartis）、亚马逊公司（Amazon）、雀巢公司（Nestlé）、普洛建筑（Probuild）、澳大利亚起源能源公司（Origin Energy）、城市公共事业公司（Urban Utilities），以及蓝保公司（Blue Care）。正是这一

---

1 译者注：全球最大的玩具生产商之一。
2 译者注：瑞士制药公司。

小部分人——创造差异化的人、远见者、潮流引领者、前瞻者、影响者和领袖们，他们推动着整个大时代的发展。正是他们促进了部门、企业乃至产业的向前发展。正像你我一样，他们深刻地相信无限的可能性，相信人性。

杜格尔领导 Jaxzyn 的研究和企业发展部门。他花费大量精力和时间进行研究、写作、创造、思考和冲浪（以及想着冲浪）。他运用自己的设计和大众传媒背景，以非传统的方式为企业规划发展蓝图，特别是为那些极度缺乏创造性的企业。杜格尔拥有坚定不移的信念，他坚信创意和以人为本的设计拥有强大的力量，可以把企业内各个部门的人员联结起来。关于这一信念，你将在本书中看到他充满自信的侃侃而谈以及深度思考。

珍领导 Jaxzyn 的企业战略和商务发展部门。她每日忙着与遍布世界各地的同谋者们（亦是客户们）聊天、喝咖啡、制定企业发展战略。从农村到城市，珍能够与各色人等无障碍沟通。她拥有一项特别的能力，即清晰地剖析复杂问题的各个层面，直捣问题核心。无论是极具创意的天才还是农场奶农，她都能轻易地顺畅沟通。你将在这本书中看到她关于将理论与现实结合起来的见解。

以上就是读者需要了解的全部的我们。接下来迎接你们的是更令人兴奋的话题，让我们开始吧，怎么样？

高举人性的大旗

朋友们，能够生活在这个时代是多么美好啊！

将被这个时代迅速抛弃的是那些呆板的、没有人情味的、刷着各种浓淡米色墙面的办公场所。在当下和未来，人类都面临着深刻的变革，人们为迅速驶近的未来欢欣鼓舞。不仅是客户或股东们推动了时代的发展，那些企业内绝大多数的员工同样功不可没。

当然，硅谷创业企业的兴起将滑梯、弹球机和其他异想天开的设施带进了办公室。但是在这里我们无意讨论球洞或者其他小玩意儿。我们要揭开一层层的包装，窥探表象背后无比真实的东西。

旧的方法和过时的模式令人焦躁和不满，人们花费了几十年的工夫才将人性与企业剥离开来，而如今又要掀起一场变革试图让这一切卷土重来。

既然如此，果真需要一本叫作《如何说人话》的书来帮助我们吗？

诚然，这是个巧妙的书名——试图让人扭动嘴角露出一丝苦笑。但是我们不能太较真了，不是吗？毕竟我们都是人。况且说话不过就是张开嘴巴让话语脱口而出那么自然的事，就好像在大自然中赤身裸体一般……

然而，某种程度上来说，说话又不是这么简单的一件事。

在忙忙碌碌和做生意的时候，在科技和专业化发展的过程中，与周围人沟通成为越来越难的事。与人交谈、获得关注、影响他人、倾情投人，这些事变得越来越困难。

对于那些耕耘在领导岗位上的人来说，不论他们的专业技术水平和最擅长的是什么，与人沟通要求的似乎完全是另外一种语言。

但是朋友们，好消息是，就像学习法语、德语或者日语一样，这种语言也是能够学习的（但是拉丁语另当别论，因为那种该死的语言简直太复杂了）。天啊，原来这些语言早已存在于你我之中，虽然通常被埋藏得很深。就好比一只害羞的乌龟把头缩进龟壳里，我们要用手指戳一戳鼓励它探出头来。这就是人性化的语言。

> **在当下和未来，人类都面临着深刻的变革，人们为迅速驶近的未来欢欣鼓舞。**

所以才有我们这本书。在睿智之人（比如读者你）引领人类前进的过程中，"砰"的一声惊天巨响将人性化重新带进人们的视野中。这些改变正在这一刻发生着，就在我们打字的时候，就在你阅读的此刻。但是，为什么是现在呢？究竟是谁造就了各个企业的这种改革氛围……或这场完美风暴，是企业领袖还是没有和其他人保持步调一致的某个人？

有桨无舟

仅在几年前，制定5年甚至10年的企业战略，对我们来说都是很常见的。但是近两年来，我们对未来的发展愿景非常模糊，所以常常只规划12个月的行动路线图。这就好比我们所生活的世界的本质是持续快速变化，在这个时代，我们对接下来可能要发生的事情知之甚微。

各行各业似乎每天都在被颠覆着（请原谅我们用了这个流行语），这使我们的工作环境变得动荡不安。从交通到通信再到货币都处于变化中，就像时间、潮流和纳税一样，变化成为我们的新常态。如果我们不亲自应对变化，就要通过指导别人来解决。然而，正如我们都能想到的那样，事情将会变得一团糟。

伴随着这些波动变化的是一系列有益的不确定性。我们的产业将何去何从？我们如何与时俱进？我们如何保持领先？甚至说，在12个月后我们是否还能保住现有的职位？人工智能来势汹汹，抢走我们的工作该怎么办？

这些都是复杂的问题，更不幸的是，任何一个问题我们都没有明确的答案。我们在一片茫然中漂泊，我们只有一对桨，却没有船。

易变性（volatility）、不确定性（uncertainty）、复杂性（complexity）、模糊性（ambiguity）——这就是我们生活的世界，而这又是我们每天都面临的挑战。研究者们给了它一个吸引人的缩写：VUCA，然而它发音特别像英文"疣"（wart）这一单词。

问题是许多公司仍然以冰川速度缓慢前行，比如需要6到9个月的时间来批准分部门一份为期12个月的发展路线图，这与快速反应背道而驰。人类几乎不能妥善地对变化做出快速反应。在"十大最具压力的生活事件"（据《社会再适应评定量表》统计）中，它们都或多或少涉及到了某种改变。哎，甚至有些改变从本质上来说都不是负面的（我们在看着你，结婚和退休）。

因此，这就丝毫不足为奇了，哪怕工作中最细微的变化都会导致人们惊恐万分，反应就像面临阉割的野兽——紧张不安，惊慌失措，警惕所有风吹草动，感知血雨腥风的来临。这并不是一种健康良性的工作状态。

如果说改变对于绝大多数人来说都是不容易的，那么对于领导来说可谓难上加难。当我们觉得自己只是迈出一两步时，很难言之凿凿，因为当我们自己对未来的情况都不清晰时，为其他人制订一系列明确的行动方案是颇具有挑战性的。

朋友们，尽管前方是变幻无常的、迷雾重重的海洋，但人性是我们的灯塔。

同中有异

猎豹、豹子、美洲虎、老虎和山猫看起来是相似的。传统世代[1]、婴儿潮一代[2]、X 世代[3]、Y 世代[4]和 Z 世代[5]，他们看起来也很类似。但请你不要被外表蒙骗。它们/他们虽然都来自同一个家族，但根本是完全不同的物种。

人们的寿命在不断延长，加之工作年限也在不断增长，这意味着五代人在同一个屋檐下工作这样前所未有的情况将不再罕见，他们分别受着不同的社会、政治和科技氛围的影响，他们关于工作所持有的信念和期待迥异。

随着千禧一代开始填满我们的办公室，以上这些差异就变得异常明显。哦，原来这些差异是那些新生代造成的！在成长过程中，他们一直被教育能够做任何事，成为任何人，甚至成就一切。他们把同样的理念带进工作中来。

对于年轻一代来说，工作不仅意味着工资。他们期待企业能够帮助他们实现目标和进步。他们想要为自己信任的品牌工作，坚信自己的工作所创造的价值远远超越自我甚至公司价值。他们想知道自己在做什么，为什么做。他们希望能提升透明度。

对于那些经历过艰难岁月的老一辈人来说，为了赚钱养家糊口，他们日复一日地在不喜欢的工作中挣扎。在那个时代，只要有工作就会被认为是幸运的，这种心态就像人们认为拥有权力就是幸运的一样。

"我们挺过来了，而他们失败了。"

---

1 译者注：指出生于 1922 年—1945 年间的人。
2 译者注：指出生于 1946 年—1964 年间的人。
3 译者注：指出生于 1965 年—1980 年间的人。
4 译者注：又叫千禧世代，指出生于 1980 年—1990 年间的人。
5 译者注：指出生于 20 世纪 90 年代中叶至 2000 年后的人。

"工作之所以被称为'工作'是有原因的!"

但是时代是不断发生变化的,期待也是。其实,不管是逆来顺受的斯多葛主义[1],还是天真的权利主义,他们之间的差别完全只是一个角度问题。

接下来科技诞生了。上一代人在没有互联网和移动设备的黑暗时代长大(那时候他们都做什么呢?),而年轻一代通过网络始终保持联络。对于年轻一代来说回复信息似乎是自然而然的事,而这往往让老一辈人不满,因为他们从未考虑过在工作中接听私人电话。

然而,生长年代的不同不是唯一的鸿沟。科技发展和全球化意味着很多人都会与大量的来自世界各地的形形色色的人一起工作。不同国家、文化以及各部门之间,甚至管理层和一线员工之间存在的鸿沟都可能是巨大的。所以,如果你感觉大家都在说完全不同的语言,这一点也不稀奇。

晕倒羊[2]和其他奇闻轶事

不必大费周章,只要看一看社交媒体,就可以了解人类是如何自然交流的了。

继续看看让我们兴奋的事,但是我们得警告你——它肯定不是那么光彩。一旦有迹象表明人类社会可能并不是以我们自认为的方式进化的,社交媒体上就会有人站出来证实这一点。

那事实呢?我们机关枪式地连发信息进行沟通,消费碎片化的快餐内容。我们通过各种频道、平台和设备向众人发送短信、推文、消息、评论和聊天——这些常常同时进行。我们分享油管(YouTube)上猫被

---

1 译者注:在社会生活中,斯多葛派强调顺从天命,要安于自己在社会中所处的地位,要恬淡寡欲,只有这样才能得到幸福。
2 译者注:晕倒羊是美洲的特有羊种,因其患有先天性肌强直症的缘故,只要一受到惊吓就会四肢僵硬,腿软倒地,现大多成了宠物,或招待游客。

黄瓜惊吓的视频剪辑。我们在引用流行文化元素的基础上创造了荒唐的模因[1]，对它捧腹大笑。

我们谈论让我们有所触动的话题：那些让我们觉得有趣的、悲伤的、气愤的和困惑的东西。我们收集、整理和传播那些自己感兴趣的内容，毫不留情地屏蔽其他信息。那些我们高频使用的语言和语法，仿佛给了神圣庄严的《牛津英语辞典》羞辱的一巴掌。

但是，重点来了。

目前徘徊在这个星球上的 76 亿人中，约有 30 亿人每天离开家，满腔热情地投身于全职或兼职工作中去。虽然我们被晕倒羊视频逗得前仰后合，发送只含有一个表情符号的信息，整晚用手机软件与人聊天和分享图片，但也正是这同样一群人，他们做事、生产、创造、修缮以及售卖商品。

当我们全都在工作时——做事、生产、创造、修缮以及售卖商品，猜猜我们的沟通偏好发生了什么变化？

根本没有。

我们还是认为晕倒羊视频有意思。我们继续发送😂给朋友们。我们仍旧完全按照在家里的方式进行沟通。

与此同时，再猜猜我们工作的公司通常是如何与我们沟通的？

没错，印在公司信纸上的备忘录——一直从遥远的 1953 年保留至今。

很明显，很多企业沉迷于开发大量的沟通工具备选方案，来作为微软演示文稿软件（Microsoft PowerPoint）的可行替代品。

短信、视觉语言、表情符号、模因——无数全新的新兴科技为人们创造了崭新的联结和沟通方式。这足以让人瞠目结舌。

---

1 译者注：模因（meme），是指在同一个文化氛围中，人与人之间传播的思想、行为或者风格。

然而，对于挖掘沟通工具的所有可能性，许多企业几乎还没有触及皮毛。即使是那些被认为完美的企业界巨头，通常也还在使用比外界落后几年的沟通手段。

==不同国家、文化以及各部门之间，甚至管理层和一线员工之间存在的鸿沟都可能是巨大的。==

精疲力竭的老古董

是呀，一切都变了。然而，许多企业还在固执地认为，自工业革命以来，员工和他们的工作效率都从未发生任何变化。

走进一些老字号公司，就像进入远古时代的迷失世界，这些公司就像是时空胶囊或埃及坟墓。我们为其古老的系统和流程而啧啧称叹！对其原始的信仰惊讶不已！请深吸一口发霉的空气，注意尽量避开楼上的骷髅骨架[1]。我记得有人曾把这些特色建筑称为"转角套房"。

当然了，我们在开玩笑。

企业（或人）的年龄决不代表其适宜性或重要性。然而，年龄往往意味着根深蒂固的臆断，而当它们恰巧年长且又体格庞大时，这种情况就会更糟糕。

小，意味着敏捷，意味着能够随着狂风甚至微风的变化而迅速调整航向。越大意味着越笨重——正所谓船大难掉头。商业世界的巨型远洋舰对航线地平线上的东西一无所知，即使面对最微弱的天气变化，它们都可能会束手无措。哪怕是最微小的航道调整，也需要投入时间、金钱，并且所有人都要到甲板上帮忙才能完成。这就难怪为什么它们更倾向于未雨绸缪和破浪前行。

对待人就像对待资源一样，这种信念可能已经过时了。它可能只是10年前的沟通技巧，没有考虑到不同员工的独特驱动力和激励因素。

---

1 译者注：在传统公司办公格局中，"领导层"办公室往往设在楼上，与普通员工区隔开来。在这里作者以此比喻某些传统公司领导层的刻板迂腐。

也许是因为古老的多层管理模式，或者领导团队缺乏多样性（苍白、老套，而且被男性垄断！）；过时的技巧也许会使沟通障碍重重，而不能促进沟通。

在未来这个不可预测的时代，那些一成不变的公司将面临最大的挑战。

无处可藏

早在 1998 年，在汤姆·汉克斯还在拯救大兵瑞恩时，麦肯锡的研究人员就宣称，人才将是未来 20 年最重要的资源。他们认为一个企业能否成功将取决于他们能否吸引、发展并留住人才。

他们是正确的。

20 年后的今天，"人才争夺战"听起来都已经是老生常谈了，但是从本质上来看它仍然是真理。找到合适的人不仅是明智的，更是必要的。

然而，虽然我们现在比以往任何时代都更加精明，但这种精明还是使我们选择心爱事物的过程变得更加艰难。我们生活在一个网络发达和无比透明的时代，我们做出的选择，如住在哪个酒店、乘坐哪个航班、看哪场电影、吃什么、买什么等，可能都是基于其他人的评价。因此，当我们要决定一周五天每天最好的时光要在哪里度过的时候，也会花同样多的心思去做这个重要的决定，这一点也就不足为奇了。

如今公司仅仅宣称自己是绝佳工作场所已经远远不够了，因为有了像 Glassdoor[1] 这样揭露事实真相的网站。仅需要点击几下鼠标，我们就可以找到同行对未来潜在雇主的详细评价。这些评论都不是被公共关系部精心美化过的新闻稿；它们都是由我们这样的普通人撰写的，都是对

---

1 译者注：Glassdoor 是美国的一家做企业点评与职位搜索的职场社区。在 Glassdoor 上可匿名点评公司，包括其工资待遇、职场环境、面试问题等信息。

公司体验的原始评论。

雇主品牌化已成为一项基本职能。企业为了找到完美的雇员，精心编排一场求偶舞。但求爱成功并不代表求偶结束。我们还需要让他们保持开心。

2017 年底，领英公司（LinkedIn）估算，其 4 亿左右的用户中约有 73% 的用户是被动求职者，如果遇到合适的机会他们就会跳槽。我们正在面对劳动力一只眼睛随时瞄准出口处的局面，如果企业没有正确对待他们的话，他们还有很多选择。

机器人的崛起

能跟上时代步伐的人和企业才能在今天和未来取得成功。但是那些能够在未来取得成功的企业，如今已经开始展望未来——那个许多工作岗位将被人工智能所取代的时代。

没错，机器人的崛起将夺走人类的工作，这是不可避免的。

机器人没有注意力短暂的问题，也不会被情绪影响。机器人没有私生活，或者说他们根本就没有生活。机器人不用午休。机器人十分精确并且几乎不会犯错误。机器人不关心劳工剥削。机器人做事无需报酬，并且他们每天 24 小时，每周 7 天都毫不停歇、无条件地工作。

朋友们，摆在我们面前的是一个机器人和人工智能驱动效率的时代。但是，这并不意味着我们现在就要开始说安卓语言。到那时，更依赖人与人之间关系的新工作岗位的诞生将不可避免。

是的，我们的工作将继续依赖于人类。人体是由 60% 的水和 40% 深不可测的思维过程、荒唐的行为举止，以及变幻莫测的情绪组成的。人类充满了各种心理和生理上的麻烦，也具备二等分的垂头丧气和——朝气蓬勃的能力。

如何说人话

这本书将大张旗鼓地采用实用方法。这本书将告诉你我们是如何对人类沟通科学和理论的研究如此着迷,并充满热情地一头扎进去的。本书借鉴了十多年来我们与世界各地企业精英领袖的合作经验,我们希望这些经验或许能帮助你或者其他人做出改变。

在这个过程中,我们将分享精英们(像你一样)是如何在工作中应用这些原理,并发挥其最大效用的。同时,无论你从事什么工作,我们将就在工作中如何应用这些原理提出一些建议。

我们关注的领域——注意力、影响力和忠诚度——来自我们最普通的日常沟通。

注意力涉及如何穿透噪声,将人们的眼球准确地吸引到我们需要的地方。这对提高人们对新举措的认识至关重要,将人们的注意力转移到重要的、需要持续努力的事业上去。注意力是提高投入度的重要前提,也是学习认知能力的一部分。

影响力探索为了与他人和团队建立联结所需要的领导才能。影响力不是欺骗或操纵人们去进行短期变化。是的,我们是在探讨持久的转型战略,它能确保每个参与者都得到巨大收获。

忠诚度正处于核心位置——如同跳动的心脏。"忠诚度"这个词,是充满好意的人力资源专业人士用来衡量无形事物的方式。我们的忠诚度得分提高了2分?击个掌!但这与工具、判断、指标或衡量统统无关。

对，没有关系，忠诚度是可以每天使用的有效操作方法，我们可以用它来改善与他人的联结度。

忠诚情歌

为什么没有更欢乐的关于企业的歌曲呢？

数不尽的被唱诵的歌词涉及工人阶级、周末加班、铁路工作、囚犯苦功、朝九晚五，以及夜以继日努力工作，但是都不是对工作的正面积极描述。

有很多关于爱情、名誉、财富以及和兄弟们去寻找爱人的优美旋律。然而，七个小矮人吹着口哨下矿井，是少数几首歌颂工作阳光一面的歌曲之一。

我们在这里所谈论的事情，在生活中占据着很重要的一部分。关于震撼演讲的饶舌音乐在哪里？关于解决信息技术问题的电子赞美诗在哪里？献给有远见的领导的高昂的管弦乐在哪里？

基于与领导的日常沟通，如果要写一首关于企业的歌曲，我们或许可以称之为《渴望忠贞》。我们可以把它写成一首情歌，一首不插电演奏版本的民谣，由一位被抛弃的领导低声吟唱，憧憬着他对一个摇摆不定的员工的感情能够有所回报。

> 渴望忠贞，
> 仅希冀你的丝毫甜蜜忠贞，
> 独自一人，憧憬你最微弱的忠贞之迹……

没错，听着这歌，你的眼泪猝不及防地就要流下来了。

全球绩效管理顾问盖洛普公司（Gallup）的调查显示，我们鲜有关于企业的正面颂扬旋律的原因也许在于，全球仅有13%的员工是忠诚的。

请你们面对这个数据沉思片刻。它说明每天地球上有超过10亿人毫无朝气地去上班……好吧,这差不多是最低限度了。很多人去工作是为了给他们的下一个反工作忧伤小调收集创作灵感。

数不尽的研究已经证明低忠诚度带来的代价。快速用谷歌(Google)搜索浏览,你会得到好几页佐证,数量堪比那些承诺能够解决所有忠诚度问题的神奇方案。

收起来,收起来,扔掉所有关于忠诚度的调查报告!抓住每两年才有一次的机会,去认识你的员工。惊叹于我们的魔术师:左手拿着魔杖,右手拿着大礼帽,当他从里面拿出忠诚度的评分时,大家倒吸一口气。看一看,当这个结果揭晓时,我们的人力资源和文化部门集体陷入焦虑团团转。

是的,我们已经开始非常讨厌关于"忠诚度"这个词的使用。我们对于这两年一次的评估谈论得太多了,而对与周围的人沟通的日常行为却谈论得远远不够。

但有没有好消息?韦莱韬悦[1](Towers Watson)的研究表明,能高效沟通的企业拥有高忠诚度的可能性是其他业务沟通不畅的公司的4倍,且其股东回报率高出47%。更不要说好的沟通带来的一大堆其他好处了。

==基于与领导的日常沟通,如果要写一首关于企业的歌曲,我们或许可以称之为《渴望忠贞》。==

有话直说

就当我们将要完成这本书的时候,澳洲最大银行之一——澳大利亚国民银行(National Australia Bank,NAB)与6000名员工说了再见。

---

[1] 译者注:韦莱韬悦是一家领先的全球性咨询、保险经纪和解决方案公司,帮助世界各地的客户把风险变成增长机遇。

就数字而言，那是公司五分之一的员工。这不是因为经济衰退——甚至恰恰相反。这个新闻正是银行宣布盈利超过50亿美元（大额高出预估）的当天同时发布的。

人工智能已经改变了我们的企业版图。在澳大利亚国民银行的案例中，我们可以看出自动化是势不可挡的。随着工作岗位的数量和种类的不同，员工的体验也会有所不同，同时未来对员工技能的要求也会有所差异，澳大利亚国民银行不是第一个面对这种改变的企业，也不会是最后一个。

在不久的将来我们要（如果我们还没有）带领的团队会大不相同。作为领导者，超越技术专长和包容人性的能力将是保持与时俱进的能力：激发员工尽己所能，帮助他们确定改变的方向，促进问题解决和创新，使他们保持安全、健康和快乐。做出改变。创造传奇。以上这些特征都标志着一个领导者掌握了影响力艺术这一技能。

影响力。一个多么美好的词汇，你认为呢？影响力是微妙的，鼓舞人心的。影响力意味着一双温柔的手，轻轻碰触。影响力是一种远远比它的浑蛋表亲——操控——更可取的领导技能。

影响力为了满足各方利益而促进改变。与影响力不同的是，操控纯粹是为了一己私利（或者出于病态的快感，对于那些虐待狂来说）。但是让我们直截了当地简单来说："影响力和操控都是让人们做我们希望他们做的事！"但是，关于影响力，我们有一个小贴士："……每个人都是赢家。"

所以，如何才能成为有影响力的领导者？

选择任何一个历史上的重量级人物，思考一下关于他们你都记得什么。或许是温斯顿·丘吉尔在战争期间使英格兰重振旗鼓，或者是马丁·路德·金为人民权利而奋斗，抑或史蒂夫·乔布斯使苹果公司再次非同凡响。

想一想他们每一个人，我们很有可能记得的是他们说过的话以及说话的方式；他们讲故事和唤起情绪的能力；他们通过强有力的演讲和谈话来说服和改变人们的技巧。

"我们将在海滩作战……"

"我有一个梦想……"

"致那些疯狂者……"

没错，他们的影响力来自卓越的沟通技巧。用语言来激励人们并将他们团结在一起；用文字、意象和叙事来唤起情感；侃侃而谈中分享塑造美好未来的知识。如果没有影响力，将没有变化；一切将一成不变。

人与金鱼

活着很忙，工作更忙。我们生活在一个互联的世界里，一系列事件争先恐后进入我们的眼睛、耳朵和思想，不断困扰着我们。

我们每天被众多邮件、会议、便笺、海报、电话、信息以及种种异步通信[1]轰炸着：Yammer[2]、Slack[3]等各种信息平台——和社交媒体。我们的日子被塞得越来越满。我们的注意广度被不断拉伸，就快要支离破碎。

我们刚刚在谈论什么？哦！挺有意思的，但是讲真的……你会浏览那只鸟[4]吗。你懂的，我们已经漫无边际地游荡太久了，漂到了图享

---

[1] 译者注：异步通信是指通信中两个字符（8位）之间的时间间隔是不固定的，而在一个字符内各位的时间间隔是固定的。

[2] 译者注：Yammer是Microsoft推出的Office 365的企业版社交平台，让公司上下都可以透过平台互相交流，提升透明度。从功能上来说，有投票及赞赏等等，Yammer只有公司员工才能进入，安全度较高。

[3] 译者注：Slack是一家于2009年在加拿大温哥华被创立的公司，现在是一家总部位于美国旧金山的软件公司。公司的主要业务是提供企业项目合作平台，其软件提供诸如聊天、文件共享、搜索等服务。

[4] 译者注："鸟"指推特（Twitter）图标，它是一个社交网络与微博客平台。

（Instagram），漫游到电子邮件……或者别的什么社交软件又吹进你的帆里，不知又将把你带到何方。

> **为了在噪声和杂乱无章中生存，我们已经掌握了筛除不相关或无聊信息的技能。**

为了在噪声和杂乱无章中生存，我们已经掌握了筛除不相关或无聊信息的技能，这使得注意力成为宝贵的资源——而且是有限的。就像金钱、机器、时间或空间这些其他企业资源一样，我们应该明智地投资注意力，并且精心管理，永远不要挥霍。

是的，注意力比原来任何时候都更难被捕获了，我们远远不能再仅仅依靠"想当然"了。我们想当然地认为人们会读一本手册、学习一套新的流程、了解一项政策，把他们的全部注意力投注到我们身上。我们的员工都太忙了，忙到简单地认为，只要卖力为企业工作，"想当然"就会如期发生。

如果我们想获得他人的关注，就需要变得更聪明，或者冒着还没开始就失败、浪费大量时间和金钱的风险，用心良苦地制定可能很棒的战略、计划和新举措。不是因为它们不够好，也不是因为它们缺乏必要性，只是很简单地因为没有人给予足够的关注。

所以，我们怎么才能获得关注呢？

那么，首先，我们要把人们唤醒！我们要吸引人，使他们产生好奇，使他们大笑，使他们感到惊讶，用故事去撩拨他们，吸引他们的眼球，又有意义又有意思——还有，就像人们对毛茸茸的小猫咪爱不释手一样，让他们能够感受到一些什么。任何什么都可以。

在许多情况下，这并不那么简单。噪声越大，滤音器的作用越大——因为需要加强调整信号。

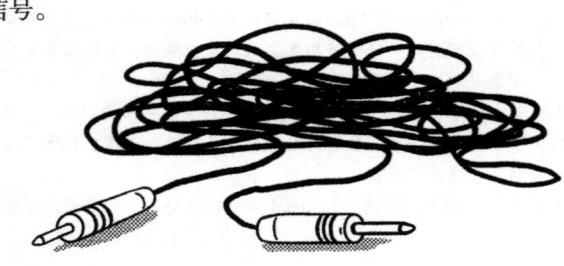

如何说什——么？

在接下来的内容中，你将看到的是，我们每天用来帮助领导获取注意力的 11 项策略，帮助他们抓住人心和转变思想。这些策略能够在任何情境下使用，无论你的角色、所在行业或企业大小是怎样的。而我们经常所说的"领导"，并不受工作头衔的束缚。对我们来说，领导可以是任何一个人，只要他有魄力为了每个人的利益去实现变革。

每个策略都包括理论、科学和实操建议，比如举出领导者有效使用该策略的实例进行说明。这些故事都是真实的——我们和真实的杰出伙伴一起满腔热情地操作的真实的项目。这里只是改变了他们的名字和他们服务的公司（原因：法律部门要求）。虽然这些故事被孤立地用来说明策略，但它们通常是更宏大计划的一部分。

最后，一切并不都是像小猫咪与阳光那样可爱无害。还有三个方面需要我们提高警惕。这些"当心"详细地阐述了我们在追求"说人话"时所面临的最大挑战。理解和克服这些潜在的危险，对于使工作获得关注度、投入度，以及产生影响力来说，将至关重要。

你可以从封面到封底按顺序阅读这本书，或者随兴以任何顺序进行浏览。无论哪种方式都不存在对错。除了倒着读，因为这显然是故意作对（当然，除非你用希伯来语、阿拉伯语或从上到下竖着读这本书）……但是我们跑题了。

准备好了吗？

向前进……

好奇心
如饥似渴的好奇心

是这本书的封面吸引了你吗？书名是不是诙谐机智、出乎意料且充满讽刺，值得反复推敲？这本书是不是使你在摆满严肃商业书籍的书架前傻笑？

没错，的确是！正是好奇心吸引了你，迫使你把它从书架上抽了出来。你充满无法抑制的获得新知识或学习新技能的渴望。

好奇心，是探索、调研和创新的驱动力，帮助我们的物种发展进化——推动我们走向伟大。在好奇心的驱使下，我们攀上了最高的山峰，潜入了最深的大海。我们不畏世界的尽头和海怪，勇敢地在世界各地航行，探索发现充满奇闻轶事的新大陆。

好奇心促使我们穿上笨重的白色套装，把自己绑在超窄太空舱中，装载足量炸药，一飞冲天把我们推向月球。好奇心帮助我们制造了火，然后是电。好奇心唆使下，我们把培根放到薄煎饼上，就着枫糖浆一起吃，美味到无法呼吸。也许好奇心导致的结果并不总是有利的，但几乎往往都是有趣的。

更重要的是，好奇心在工作中具有重要意义和影响力。好奇心吸引我们的注意力，使我们做好准备去学习。好奇心具有转变思维模式的强大力量。它甚至能够在工作中改变我们与他人之间的关系。

想象一下由公司组织的典型的领导力培训项目。有人指出中层管理人员之间存在着能力差距，因此公司宣布需要举办一个全公司范围内的领导力培训计划，随之而来的是一系列相关准备工作：获得领导确认，明确学习目标，预约讲话来宾，安排会议……6个月后，培训计划一切准备就绪。

一旦完成了所有项目筹备工作，工作人员们彼此拍拍肩膀互表庆祝，接下来就要给所有中层管理人员发送一封电子邮件，要求他们在指定日期出席培训计划。如果要给这封邮件的鼓动力打分，分数最小为1，最高到威廉·华莱士[1]大声咆哮的"自由！"，那么它将差不多能得到1.5分。其中，30%的中层领导根本没看到邮件；10%看到了但以为是垃圾邮件所以没有参加；20%的中层领导对此感到不快，他们觉得自己根本不需要什么见鬼的领导力培训；剩下的人则因为要在百忙之中抽空参加培训而暗自不满。

朋友们，还有其他的方式——更好的方式。它以引发好奇心为开端。

好奇心吸引注意力

生活里充满了无穷无尽的好奇心，它们争先恐后地抢夺我们的兴趣。然而，由于许多岗位的系统化和程序化的工作性质，意味着人们在工作中越来越少能够接触到能引发好奇心的素材。这给了我们理想的机会，在接下来的项目、活动和新举措中，利用好奇心吸引人们的注意力。

好奇心激发学习欲望

当我们产生兴趣时，就一定要进行深入研究。而产生足够的好奇心

---

1 译者注：苏格兰独立战争的重要领袖之一。

时，我们就会全身心投入。这使好奇心在激发人们学习方面出奇地有效。在把知识灌输给人们之前充分激发他们的好奇心，使他们处于试验、发现、学习和改进的理想状态之中。

好奇心改善关系

对某事自然而然感到好奇与被强迫产生兴趣是截然不同的。当我们选择主动产生兴趣时，就会产生一种微妙而强大的思维模式的转变。我们会更专注地、更笃定地去学习和主动投入。

这是因为当我们鼓励好奇心时，是发出一个邀请，而不是命令。它使我们摆脱亲子或官兵关系模式，进入一段更良性的关系之中。它赋予个体学习的责任，增强责任感和提高自主性。它使成人们成为大人——为个体的自我发展负起责任，而不是指望所有东西都被别人用精致的银盘奉到唇边。

你一定不会相信接下来将发生什么……

在 20 世纪 90 年代初期，一个叫作乔治·勒文施泰因[1]（George Loewenstein）的人明确了一种心理现象，即当我们认为自己知道的和想知道的知识出现缺口时，好奇心就随之产生。人们想要填补这个缺口的需求达到无法自拔的地步时就会触发一种情绪反应——就像是为了缓解认知瘙痒而拼命想去抓挠，而这种情绪只能通过把缺口填满才能得到疏解。

勒文施泰因的理论发现，我们可以通过释放少量信息而保留大部分信息的方式去有意识地唤起好奇心。

---

[1] 译者注：乔治·勒文施泰因是美国卡耐基·梅隆大学的经济学和心理学教授，也是行为经济学和神经经济学领域的创始人以及最活跃的研究者之一，提出了"好奇心缺口"理论。

加州理工学院的一项研究发现，我们的知识量和对学习更多知识的好奇程度两者之间存在直接相关关系。研究者们对 40 名学生进行实验，使用功能磁共振成像（fMRI）设备和一道小测验……接下来并不是一个书呆子科学家笑话的笑点。没错，他们没有走进一个酒吧，但是他们的确发现了，当我们对一个话题知之甚少时正是我们感到最好奇的时候，直到当我们掌握的知识到达一定程度时，好奇心才稳定下降。这意味着好奇心是与环境相关的，它随着每个人独特的知识背景和经验而变化。

多年来，市场营销和广告策划文案一直在利用好奇心缺口来吸引我们的注意力并影响我们的行为。标题党的头条新闻仅用一定量的信息来挑逗我们，以此激发我们的好奇心，保证只须点击一下即可揭晓令人满意的真相。

> 在饱受多年的分离之苦后，他终于和他的猫再次团聚了。
> 接下来发生的事将让你瞠目结舌……

尽管确切地知道那些精于算计的搞市场营销的坏蛋们在做什么，但是如果没有带着勉强的热情找出这个男人和动物之间温暖故事的结局，我又会感到不安。

说到毛茸茸的小动物，靠近一点，让你的老朋友给你讲一个关于凯瑞和她的兔子的故事。

凯瑞和兔子

成长的过程是艰辛的，一个迅速扩张的金融科技创业公司经历了典型的成长之痛。当他们正在发展成一个员工们很难记住对方名字的公司时，如何保持他们还是一个小团队时所享有的紧密结合的文化？

凯瑞是公司人力、领导力和文化部门的负责人。她认识到，为了保持强大的文化，他们需要建立一种沟通节奏，来为他们的企业愿景、价值观和使命提供持续的触发器。成长型的公司中保持严肃是必要的，但同样重要的是使员工们对自己的兴趣和年轻文化不忘初心。简言之，他们想要成长壮大而不是变得老气横秋。

凯瑞的沟通策略起始于一个简单的主意。她希望以一种独特方式推出这项策略，而这种方式能够吸引那些年轻的、聪明的和忙碌的员工的注意力，她希望能够把公司的使命聚焦到"快乐"上。但是以什么方式做才能打破人们固有的模式和常规，获得他们的注意力呢？

解决方案是什么？是一个能激发好奇心和启发快乐的简单概念。

每天早上，睡眼惺忪的员工们走进公司大厅，都会发现一张全新的海报，上面印着流行文化中知名的兔子形象（公司的商标是一只兔子）：从复活节兔子到花花公子兔子，涵盖了各个领域的兔子形象。海报的信息量被控制到最小：只有一个有风格的兔子大头和一个众所周知的有关这只兔子价值的词。比如，劲量兔子和持久力，兔八哥和淘气，花花公子和……大团圆结局。

每一天，员工们都停下来去看看新贴上去的兔子，然后沟通就开始了。"它们为什么会在这里？""它们是干什么用的？""你还记得你第一次看《死亡幻觉》的时候吗？""嗯……杰克·吉伦哈尔。"

为了使沟通持续进行下去，在活动期间凯瑞开展了一场辨认兔子的比赛。员工们在搜索引擎上查找这些知名的兔子，将他们的答案与海报上的文字进行对比。在比赛的最后，获胜者可以获赠一张自己挑选的被装裱起来的兔子海报。

在第19天，最后的海报被挂起来了。海报上有公司的商标，下面有"快乐"一词。那天下午，一场早就筹备好的全员会议如期召开，那时每个人对兔子形象仍记忆犹新。凯瑞向大家介绍了沟通策略，更重要的是，她还解释了为什么在沟通上越来越严肃并不意味着要出卖自己或使气氛变得沉闷和公司化；它意味着以一种保持真实的方式去始终如一地传递快乐。

我们不能控制自己

是什么使得凯瑞的活动这么成功呢？小投资，易执行。大多数员工每天早上都会驻足，查询手机，花时间确认海报，甚至还发起关于兔子的讨论。

这项活动吸引了员工们的注意，其原因与所有未解之谜都使我们着迷有着异曲同工之妙。"玛丽·西莱斯特"号发生了什么事？谁是开膛手杰克？在百慕大三角发生了什么不可思议的事？真的有尼斯湖水怪吗？在宇宙中是否有其他高等生物的存在？如果有，他们真的试图以非正当的方式窥探我们吗？

好奇心缺口远远不止于吸引我们的注意力而已；它还促使我们去学习。

伊万·波尔曼（Evan Polman）和威斯康星大学麦迪逊分校的其他研究人员也进行了几次实验，旨在找到好奇心缺口在影响人们的决策和行为方面究竟起多大作用。他们的研究让 200 个受试者在普通饼干和沾着巧克力酱、撒着糖花的美味饼干之间做出选择。哪一种会得到更多人的选择呢？答案显而易见。不过，真的是这样吗？

结果有了令人难以接受的反转。研究者们告诉半数的参加者普通饼干其实是幸运饼干，里面有个性化的小字条。在没有得到这个额外提示的受试组里，80% 的受试者很合情理地选择了更吸引人的巧克力沾酱饼干。但是，在被告知普通饼干是幸运饼干的小组中，71% 的人选择了普通饼干。仅仅是好奇心的作祟，就使大多数人对毫无疑问品质较差的饼干做出了选择。

其他的研究同样证实，为了满足好奇心我们会付出更大的努力。波尔曼和同事们在大学楼内的电梯附近张贴了涵盖一些琐碎问题的海报，并承诺这些问题的答案将会在楼梯间内被找到。仅仅这个举动就使大学楼里楼梯的使用率提高了约 10%。

> 好奇心缺口远远不止于吸引我们的注意力而已；它还促使我们去学习。

促成行为的改变是许多领导们面临的最大挑战之一。然而事实证明，行为的改变并不需要使用"胡萝卜加大棒"。好奇心本身已经足够激发人们去改变他们自身的行为，即使这意味着要付出更大的努力或者选择一个不那么满意的结果。

这些研究结果显示了当好奇心作为吸引注意力的催化剂或触发因素，以及作为形成新习惯的起点时，它的效果究竟能有多好。接下来的挑战是确保改变深入人心。

尤文试图舔自己的手肘

在办公室开展的健康和保健倡议活动很容易陷入"吃更健康的食物"和"多做运动"这些显而易见的领域中去，简直令人翻白眼。而当你要为最大的软饮公司和休闲食品生产商服务时，那将更具挑战性。尤文是一个企业的中层管理者，他被委任负责一项关于倡导健康的活动。他认识到如若要顺利应对这项工作并做到与众不同，就必须为这个乏善可陈的话题带来全新的方案。

尤文选择了将焦点锁定在那些较少有人讨论的健康和保健领域，比如更高质量的睡眠、更好的运动、更有效的思考以及更融洽的关系。活动非常全面，包括为管理者准备的沟通工具箱以及数字的和环境的触发器。然而，真正吸引人们注意力的恰恰是其内容。

尤文没有采用传统的方法，而是以好奇心为开端。在"更好的关系"这一部分，海报的标题写道：**"你知道吗？你不可能舔得到自己的手肘。"** 搭配上一个人试图尝试这一动作的漂亮图片。

不可避免地，人们都纷纷尝试了。挑战一经发出，人们难以抗拒地自然而然把舌头伸向手肘上的尺骨端，即使那是徒劳的（承认吧，你正在抵抗放手一搏的冲动！）。大家扭曲的动作也自然吸引了路人们的关注，他们驻足好奇询问这些斗志昂扬努力舔自己手肘的人究竟在做什么。

随之而来的是一片欢声笑语，人们积极努力地帮助彼此去达到无法触及的部位，同时周围一些知道这个活动的人彼此展开了对话。后续的事情使一切一目了然——笑容、碰触和沟通是如何增加彼此信任和培养更融洽的关系的。结果呢？每个人不仅理解了更融洽的关系这一概念，而且他们真真正正地投入到了建立良好关系的行动中去。

在每个焦点领域尤文都使用了相似的方法：用"你知道吗……"激发人们的好奇心，促使人们积极地去挖掘背后更多的内容。这项活动非常成功，以至于它开始于澳大利亚，而后被迅速地扩展到全世界范围。

我们天生好奇

最棒的消息或许是，好奇心并不需要我们去学习。我们从被带到这个世界上的那一刻起就充满了好奇心。在从我们还是一个小婴儿到成长为儿童的整个过程中，它都扮演了重要的角色。

可以理解的是，为了生存和进化，我们的物种天生是好奇的。那些红色的浆果能吃吗？尝试咀嚼并抱着最好的希望。如果我们能活着说出它的味道，这对我们自己来说将是个好消息，对我们的部落来说更是天大的好消息，因为现在部落有了新的食物来源。

在我们好奇行为的背后是活跃的思维和快乐的化学物质，如果对一个充满好奇的大脑进行功能磁共振成像扫描，就会发现大脑中有三个区域的活动会显著增加：左尾状核（left caudate）、前额叶（prefrontal cortex）和海马旁回（parahippocampal gyrus）。

左尾状核让人特别感兴趣（或许是因为没有人能够说出或者记得旋转的河马区[1]这个名字）。左尾状核与学习有关，它是真正的授予者，是快乐中枢，当大脑受到新信息的刺激时负责产生各种美妙知觉。我们对知识的渴望开始于多巴胺带来的饥渴感，就像我们对性、毒品和摇滚乐的原始反应过程一样。

是的，从某种意义上来说我们都是瘾君子，各式各样的。你现在可能就感到非常兴奋，因为大脑获得了新知识。你感受到了吗？多巴胺，血清素和类鸦片——它们迅速贯穿过你的大脑，是对你好奇心的嘉奖。

不要抵抗，尽情放松……

米娅和巧言石（第一部分）

每一年，米娅的团队都会从世界各地聚集在一起参加年度峰会。这些同事过去仅是存在于电话中的声音或是偶尔通过电子邮件进行沟通，这正是团队成员们彼此见面的好机会。

今年，作为数字化治理部门的领导，米娅决定让今年的峰会与以往

---

[1] 译者注：原文为 gyrating hippopotamus region，与 parahippocampal gyrus（海马旁回）有相似之处，此处为作者的一个玩笑。

任何一届都有所不同。并不是往届的峰会不够好,而是这届峰会的主题是"更好、更大胆、更清晰、更强",这就意味着必须提升会议体验来匹配这一高大上的主题。

米娅希望人们带着不一样的思维模式去参加这届会议。她没有告诉人们这届会议将会与往年不同,取而代之的是,她决定去证明它将会更好、更大胆、更清晰,当然也会更强。

第一阶段是联络参会者,她采取与明明白白告知——通常用于工作沟通、包含大量细枝末节的邮件邀请函方式——完全相反的方式。取而代之的是,在峰会召开前的五周时间里,她每周都会发送手绘视频,视频中分享了会场(爱尔兰科克市)的实际情况,分别与大会的主题或多或少有所关联。

第一个视频回溯了科克自9世纪的维京袭击以来的历史,向与会者介绍科克一直延续着的在逆境中保持强大的传统(更好地团结在一起)。第二个视频分享了瓦尔特·雷利爵士(Sir Walter Raleigh)在科克周边肥沃的土壤里耐心地收获了第一颗土豆的故事(更大胆的抱负)。第三段视频揭示了巧言石的传说,人们亲吻它会得到能言善道的本领(更清晰的沟通)。第四段视频告诉了参会者们科克是最大的壶式蒸馏器的故乡(更强的表现)。五周后,只有在第五个,也就是最后一个视频中,参会者才收到了一个形式更传统的会议邀请函,以及关于四个主题的解释说明。

这几个视频都非常短,每个都不超过40秒钟,其中每一帧只包含一张简单的手绘图。视频最后的反响是极其成功的。米娅收到了关于视频的极佳反馈,但是更重要的是,每个人都表示,他们一直都期待能获得如此与众不同的体验。

我们记得外围信息

峰会本身固然是与会者们期待已久的活动，但是米娅及其团队制作的具有煽动性的视频更提升了人们的兴奋度，因为这些视频聚焦到了人们不熟悉的领域。

研究已经发现，好奇心不仅促使我们学习一个明确的主题，而且还会帮助我们记住围绕主题的相关外围信息和偶然信息。

神经学家查兰·兰加纳特（Charan Ranganath）召集了19个被试，给他们看一个包含100道问题的列表。被试对每个问题答案的好奇程度进行评级。而后当被试再次回顾自己评分最高的问题时，实验者使用功能磁共振成像去监控他们的大脑活动。在注视每个问题14秒后，被试会看到一张照片，上面是一个与该问题完全不相关的人物，最后将被告知问题的答案。

稍后，测试被试对问题和答案的回忆程度。在这个有趣的实验结果中，兰加纳特发现，对于越好奇的问题，被试就越可能不仅记得问题答案，而且还记得出现在答案前的那张人脸。一天后一个后续的测试再次证实了这个结论。好奇心激发了学习并刺激记忆，但是这不仅限于正在学习的具体内容，还包括了与此同时我们接触到的相关外围信息。

米娅的计划之所以完美执行，主要是因为她专注于参会者知之甚少的经验领域：目的地。这使得人们不只对峰会本身感兴趣，还对与峰会有关的其他方面产生了好奇。此外，米娅没有告诉人们活动将是与众不同的，而是通过传递信息的形式和内容，让参会者自己对活动形成一个差异化的印象。

杀死好奇心的冷酷杀手

所以——好奇心背后一定有隐藏的代价,对吗?

没错,是的。好奇心能够如此具有吸引力,以至于会带来一种风险,即相较于目的地,人们更享受旅途中的乐趣。我们虽然的确希望人们享受旅途探索的过程,但也希望能够确保实现他们的预期,使他们在抵达目的地时达到最高潮。

当我们避免下一个似是而非的结论时,需要考虑杀死好奇心的 3 个冷酷杀手。

不切实际的期待

如果我们希望人们对付出的好奇心产生的结果满意时,我们需要提前管理他们的预期。承诺具体的结果可能是冒险的,因为它可能设定了潜在的不切实际的信念。承诺(和传递)一个令人愉悦的发现体验要好很多。

好时光,而非冗长

时间是保持好奇心的一个重要因素。众多研究表明,如果我们并没有期待在一个合理的时间内让我们好奇的问题得到解决,就可能感到挫败并失去兴趣。

问题悬而未决太久,或信息分享得太慢或太零碎,都可能给好奇心泼冷水,这显然与我们想要实现的结果完全背道而驰。在大多数的例子中,我们能够通过适当的计划而规避潜藏的问题。然而,当不可避免地需要维持长时间好奇心时,我们需要考虑使事态进程可见以使人们持续保持动力。

对失败的恐惧

在所有威胁好奇心的因素中，恐惧是最快扼杀动力的元凶。它是一种自我怀疑，或许自己根本没有能力满足自我追求的目标（无论正确与否）。

在制订学习或发展计划时，恐惧是一个具有决定性的考量因素。我们需要明确学习是可以完成的，尽管它意味着因材施教，而不是采取一刀切的方法。更重要的是，我们需要确保人们相信自己有成功的能力。

我们还需要警惕阻止好奇心的行为。随着许多企业越来越重视创新，好奇心成为人们寻找和培养的宝贵品质。然而，创新也同样带来了风险和不确定性。

事实上，好奇心并不总促成引发企业变革的创意和产业更迭的创新。它还可能轻易地将一切引向巨大的失败。这就是症结所在。惩罚失败是粉碎未来好奇心——以及随之而来的潜在的辉煌的有效方法。

如何说……
好奇心

建议 01：使其不完整

使其……不完整？听起来有悖常理，是不是？但是，就像勒文施泰因、凯瑞、尤文和米娅他们所意识到的那样，当我们只获得少量信息而其他信息被隐瞒时，才是我们最好奇的时候。[1] 想要填补好奇心缺口——存在于我们所知道的和想要知道的事情之间的缺口——的需求使我们发狂。

为了使交流不完整，我们可以：

- 释放少量信息而隐瞒其他信息，从而煽动人们。
- 一点一滴地释放少量信息，使人们渴望更多。
- 提供拼图或测验类的信息，供人们填空补缺。
- 当传递的信息与受众现有知识或经验存在显著巨大差异时，考虑分段沟通。当人们掌握的知识量在少量和中等之间时，好奇心缺口更有效。

---

[1] 这个技巧最好用在正面的事情上——永远不要用于坏消息。没有人想要一点一滴地被暗示自己即将被解雇。

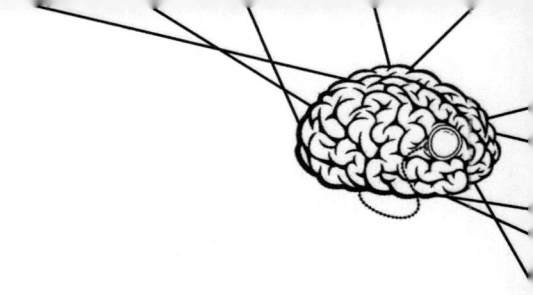

建议 02：使其引人入胜

我们着迷于神秘悬疑与难解谜团。因为它们激发想象力，刺激思考更多的可能性。在凯瑞和她的兔子的故事中，每天出现的新海报就是一个能够引发猜测的谜团。它们是关于什么的？它们要持续多久？什么时候我们能知道它们出现的目的？

如何在我们的交流中囊括更多的谜团呢？我们很高兴你提出疑问！

为了使我们的交流更引人入胜，我们可以：

- 使用悬念式的广告攻势去引导出活动、事件或新举措，而不是直接跳到主题发布明确的公告。
- 以问题引导而非平铺直叙——问题能够激发好奇心并展开交流。
- 使用小测验引导学习——它们能鼓励形成更积极的解决问题的方法。
- 给人们机会在合理的时间内表达出他们的好奇心。

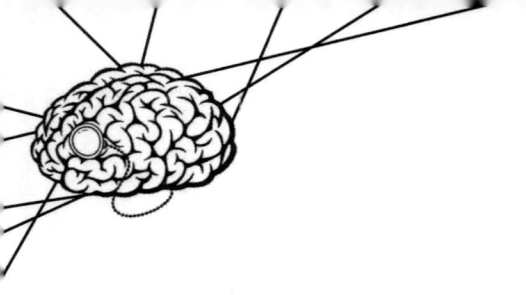

建议 03：使其新颖

我们对任何不熟悉的、耀眼的或者新颖的东西都感到好奇。米娅在峰会的筹备工作中采取了另类方法来进行事件前的沟通。从传播媒介到内容信息再到插画风格，从各个方面来看，她使用的方法都是非传统的。

为了把新颖融入沟通中，我们可以：

- 回顾一下我们过去做的事情，特别是习以为常做的事——然后现在做到与以往不同。
- 把一些崭新的东西带进沟通中来。它可能是一种全新的沟通渠道或媒介，也可能是全新的风格。
- 眼光放远些，超越我们自己的喜好、兴趣和经验，考虑什么东西可以使他人感到与众不同。
- 看看其他行业当下都在做什么，并把他们的创意应用到我们行业领域中来。

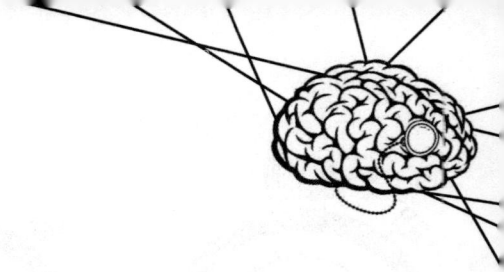

建议 04：使其难以预见

我们对例行公事和无限重复感到麻痹；任何在正常状况下发生的意外都会使我们产生好奇。这并不意味着例行公事是糟糕的，或者需要把破坏球投向每件事。但是如果我们想要获得关注，我们就需要改变。[1]

为了使我们的沟通不可预期，我们可以：

- 为不可预见性和喜悦设定一个节奏。不变、不变、不变——手榴弹！足够多的不变使人感到舒适……然后以新事物的用力一击来抓住人们的注意力。
- 经常做出改变以避免骄傲自满。创建灵活发展的体系，改变传统和例行活动，使人们持续保持兴趣。
- 首先寻找与主题某些方面具有相关性的周边信息，而不是以突出的大标题为先导。我们发现主要内容的一两个侧面信息其实是最有意思的，而且是吸引注意力的好素材。

---

1 朋友们，这是另一个需要警惕的地方。在企业动荡时期并不是抛出沟通手榴弹的最佳时机，不管它有多么令人兴奋。

预期
预期带来的强烈痛苦

盼望着信箱里的包裹而不停追踪邮局送件系统时的心情；预定了假期，但由于假日来得太慢而充满焦躁和兴奋的情绪；看了一部新电影的预告片，而在电影上映前的数月受尽等待的煎熬……

那些混合了浓烈的焦躁、憧憬以及兴奋的复杂心情就是所谓的预期。

从好奇心谈到预期，我们转换得非常圆满流畅，因为这个过程就相当于从思考到预测、猜想进而再到期望的转变过程。预期得益于通过我们获得的足够丰富的信息而形成的不明确的期待，而正是保留了一定程度的不确定性，才形成了潜在的意外和喜悦。

如果说我们需要采取积极的手段去满足好奇心，预期却往往处于一种被动的状态。预期是我们在等待什么即将发生时的一种感受。虽然预期的产生不需要外来手段进行影响，但是在管理他人的预期时，我们能以更有效的方式留住他人注意力，使人进入正确的思维模式，并且保证结果满足或超出他人的期待。

当我们正奋笔疾书到本书最后章节时，2018年度英联邦运动会正在我们办公室外举行。这个场景可能会让人产生一系列联想，运动员穿着紧身的莱卡运动服，汗流浃背地在棕榈树成荫的大道上奔跑，挥舞着旗帜的人群正在为他们欢呼呐喊。与此同时，黄金海岸的其他许多地方却都出奇地安静。我们注意到许多邻居早已逃离出镇，但是他们为什么要选择在全年最盛大的节庆期间离开呢？

这要回溯到这一历史性事件发生的 6 个月前。人们的预期很高，对它的期待也是五味杂陈。居民们不确定运动会对自己会有多大影响。会不会导致更严重的交通堵塞？会不会封路？还有可能顺利去上班吗？

黄金海岸市竭尽全力帮助居民"为比赛各就各位"。他们向居民信箱里投递关于封路的详细信息，提供上班路线的备选方案建议，列出停车位和公共交通选项，以及多种多样处理迫在眉睫的混乱的应对手段。保障比赛开始时的后勤安宁是一件非常值得称道的工作，况且这项举措是有效的，但它的效果有点好过头了。

这项举措明确了每个人最糟糕的恐惧——空前大混乱即将来到！居民们对盛会怀有的任何兴奋之情很快被潜在的不便利淹没了。虽然一些人留下来享受比赛，但与此同时还有许多人把房子作为度假屋出租出去，离开了黄金海岸。结果这个城市许多繁华的郊区冷清得令人害怕，偶尔在头顶上空飞过的直升机更为城市增添了一丝后世界末日的气氛。啊……我们为了渲染效果的确有一点添油加醋。

这是一个完美的案例，用来说明对预期的有效管理（或者管理不善）是如何造就巨大改变的，其中每一点都值得我们在工作中深思熟虑。

预期是一个天然关注期

不可避免地，随着预期而来的是一系列新举措、事件或者活动的发布和启动。这正是我们抓住人们注意力的好时机，但这不是坐等和期待他们保持兴趣的时候。这是一个战略性地制定接触点的机会，这些接触点可以让人们在整个预期期间保持专注力和参与度。

预期是一个影响思维模式的机会

我们还可以用预期的状态去塑造或影响人们的感受。如果人们觉得安全性会议总是枯燥的,那么我们就可以在预期期间利用信息传递来扭转这些念头。我们只需要注意我们需要放大的期待。在英联邦运动会的案例中,"各就各位"活动着重强调了居民对大赛将导致混乱的假设。活动充分传达了重要信息,但如果先培养一点兴奋,效果可能会更好些。

预期是一段管理期待的时期

工作是一系列的期待。我们对很多事都有一定的看法:我们(以及其他人)理应或不应获得的薪水,应不应该工作那么长时间,领导应该或不该做出某些决定,我们的公司应该或不该往某个方向发展,还有谁应该或不该被录用,更别提晋升了。随着时间的推移,所有这些未满足的期待将会逐渐叠加,最后腐蚀我们的投入度。

用预期去管理他人的期待能使我们与工作、与他人的联结更加紧密。现在正是时候顺便(肯定不是突发奇想地)重温米娅和她的团队的故事,让我们一起来找出他们是如何通过引导参会者对未来各方面体验的期待来管理预期的。

米娅和巧言石(第二部分)

通过五周的引导期,高峰会议的与会者们的状态从好奇到预期再到期待。

在收到第一个视频时，人们是好奇的。这是关于什么内容的视频？与以往峰会相比这次峰会的启动非常特别，吸引了众人的眼球。许多人在那之前还没有去过爱尔兰，这个视频激起了他们的兴趣。

与会者们很快又被吸引回全神贯注的工作中去了。但是在第二个、第三个和第四个视频后，他们的预期持续攀升至高点。在第二个视频后，他们的预期除了包括峰会本身外还逐渐转移到沟通媒介上来。规律的信息传递意味着人们开始期待并渴望着下一个视频。

最后第五段视频揭示了所有细节，展示了峰会将会如何不同于以往，包括在形式上、内容上、风格上以及建立人脉的机会上。

啊，对了，人脉……一个有权划分任何组群的词汇。对于外向的人来说这个词听起来是如此悦耳，而对于大多数内向的人来说却让其陷入紧张出汗的状态。但是除了无法形容的尴尬和社交恐惧——范围从害怕与人握手到姓名健忘症——之外，建立人脉在商业活动中是必不可少的一部分。对于中等规模的企业来说，这是一个巩固加强企业之间关系的好机会。对于全球性公司来说，这是一个与遍布全球的同事会面和沟通的难得机遇。

哈珀是全球运营培训和沟通专家，曾经负责峰会的社交方面的事务。她意识到，如果没有执行得当，社交活动可能是个雷区。为了确保活动满足预期，哈珀收集了每个与会者的个人信息的相关细节（包括他们的出生地点，倾向于选择哪种超能力，哪一样东西能够让他们吃 / 喝一辈子都不腻，以及他人永远无法猜到的一件关于自己的事），把它们和一张风格大头照集合一起做成本地货币的样子，用来生产"社交活动币"。

在到达峰会现场后，与会者们得到一叠钞票，他们可以分发钞票来活跃气氛。是的，他们的的确确把钞票分发出去了——相当兴高采烈。活动进行得太热烈了，以至于很难将他们的注意力从交谈和交换钞票中吸引到预定的活动中去。

追逐的快感

如同好奇心一样，预期也是我们大脑中的硬件。就追逐带来的刺激来说，我们人类并不比动物强多少——在紧张的期待中多巴胺使我们焦躁不安，加强我们的情绪。这也是一件好事，因为如果没有这种对狩猎或收获的天生固有的热情，人类可能在很久以前就已经饿死然后灭绝了。

预期根植在小脑中，而小脑是大脑中负责控制人的自发行为的主要区域。但正是化学物质使人们产生预期这种如此强烈的情感。虽然传统上多巴胺被认为是一种快乐化学物质，但神经科学家罗伯特·萨波尔斯基（Robert Sapolsky）最近的研究表明，它实际上是对快乐化学物质的预期。没错，我们从对奖励的预期中获得真正的快感，而不是接受奖励本身。

预期与好奇心的另一个相似之处是，它们进行时的过程比随之而来的体验更令人享受。这是因为相较于现在或者过去，我们更倾向于对未来抱有更炽烈的情感。

针对旅行和快乐之间的关系，新西兰的研究者们对 1530 个人进行了研究。他们发现当一段旅行（可预测地）使人们感到更快乐时，真正快乐的高潮实际上是在他们离开家出发之前。相较于旅行本身或是后来对旅途的回忆，对于人们来说前期的期待才是更强的快乐驱动力。

相似地，营销学教授玛莎·瑞金斯（Marsha Richins）发现，即使是最物质主义的消费者也会从购物的预期中获得比消费本身更多的快感。他们只是单纯地想要买一些东西，这些东西无论大小或贵贱，都会引发强烈的、积极的情绪，包括快乐、兴奋和乐观。然而，更有意思的是人们在预期和期待中的情感强度相关性。一个人越是认为消费会改变他们的生活，他们的预期就会越强烈，但如果他们的期待没有得到满足，随之而来的失望也就越大。

期待管理

那么预期和期待如何相互作用？

基本上，预期可以是积极的或者是消极的。我们的感受方式往往是由期待——我们对特定结果发生的信念、预测或希望——决定的。如果我们期待某事的发生，我们就会经历焦躁或恐惧的情绪。如果我们想要好事发生（幸运的是，我们偏向于发生好事），我们就会高兴、充满希望或者感到兴奋。

我们的期待往往受周围环境影响，基于个人信念、掌握的信息，以及对过去经历的记忆的不同而发生变化。然而，期待同样受外部资源的影响。市场营销和广告策划依赖于让人们抱有购买并不真正需要的东西的期待——过度承诺和推销一件产品或服务将会给我们生活带来的种种好处。

> 它看起来或许和普通厨房刀具并无二致，然而，这款太空级的镁合金奇迹之刀不仅能一刀切割三块花岗岩，还能把炒面切成等分薄片……

这种手段在企业内部也同样相当普遍。比如对普通的活动过度吹捧，开展不值得推出的计划。人们对一项新的活动感到兴奋是很自然的，与人分享自己的工作也再正常不过了。然而，无论本意有多好，如果他人的期待得不到满足，过满则亏，最终会导致失望。

在预期和期待所有可能产生的结果中，最糟糕的一种状况是困惑。

更糟糕的是，如果我们每次都无法满足他人的期待，那么当遇到真正值得他人付出热情的事时，到那时再想调动他人的兴奋情绪就会变得难上加难。

是的，有期待就可能伴随有失望。

因此，让我们来减轻这种负担。我们不需要在每种情况下都把人们彻底制服。在许多情形下，简单地满足他人的期待其实就不错。耶鲁大学精神病学、神经生物学和药理学教授玛丽娜·皮乔托（Marina Picciotto）提出，只有当下所处的情形与先前的期待相符时，我们才会感到快乐。

在预期和期待所有可能产生的结果中，最糟糕的一种状况是困惑。困惑的发生是由于我们基于过去的经验而对未来抱有具体的期待，但是实际结果却大相径庭。

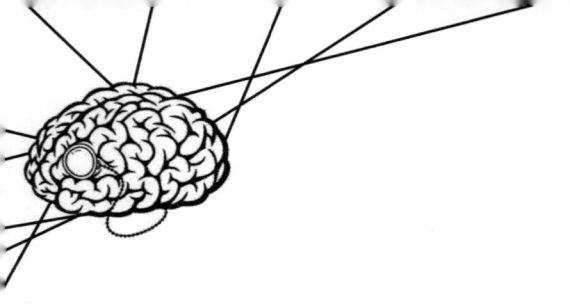

如何说……
预期

建议 05：控制节奏

时间在管理预期上是至关重要的。我们需要考虑预期是什么时候开始的，要持续多久，以及经历的频率。所有这些因素都会造成天差地别的结果。

我们还需要去考虑预期是正面的还是负面的。当我们真切地盼望着什么的时候，就会倾向于失去耐心。而且当我们感到害怕时，预期就会导致焦虑。在这些情况下都应避免拖延预期。

为了控制节奏，我们可以：

- 在执行真正具有变革性的想法、举措、活动和计划等之前，就要确保人们对其有所了解。最后一刻才告知他们，就剥夺了人们预期的机会，抹杀了体验中的一个重要组成部分。
- 使预期周期与体验的重要性匹配起来。一般的体验保证有短期的预期周期即可，而大型或重要的事件则需要预留更长时间。
- 尽量缩短对坏消息或不愉快事件的预期时间。没有人愿意在斧头砍下来前等待煎熬太久。坏消息最好尽快传达。
- 尽量缩短对特别令人兴奋的事情的预期时间。不用多久，人们就会从充满热情变为不耐烦。

- 创造一系列小的体验和互动去培养持续预期,而不是把所有的注意力导向一个巨大的结果。频率要胜过强度;相比期待一个大事件,盼望着数个小体验使我们感到更开心。

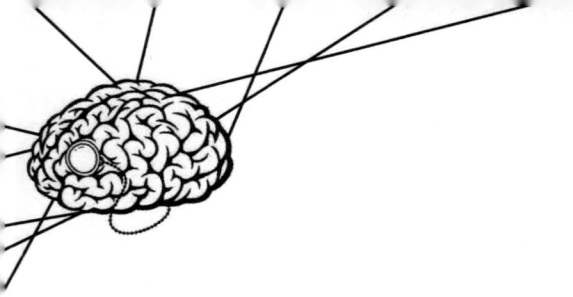

建议 06：管理期待

让我们使用预期周期来管理期待和引发兴奋（要在适当的时候），并使用认知构建来影响未来的体验。记住，我们不需要人们过分热情兴奋地期待每一件事。在许多案例中，高效地管理预期意味着简单地满足人们的期待。

为了管理期待，我们可以：

- 在不能保证满足人们预期的情况下，避免大张旗鼓地发布消息。
- 当期待超出我们可以兑现的程度并且存在可能使人失望的风险时，可以使用抗兴奋的方法。对于一个愤世嫉俗或持怀疑论的团队来说，或是在不需要大张旗鼓的情况下，这也是一种有效的策略。为了切实可行地操作这一方法，我们可以抛弃一些现实情况而把焦点集中在挑战上，只是不要反向偏离得太远而让人们产生负面的期望。
- 鼓励没有具体期待的预期。让人们处于当下——保持专注的、开放的态度，思考可能性和预测挑战。这就是众所周知的预期思考。它指的不是用水晶球或塔罗牌来预知或者猜测未来，而是无论未来发生什么事我们都能有所准备并适应。
- 放大期待，但只在当我们有信心能超出预期地实现它们时。人生最难忘的经历莫过于结果远超期待。

惊讶！
意外之事带来的意外惊喜

当看到标题"惊讶！"时，意料之中的，一些人会感到肩负重担——一种责任，真的——去花费至少三分钟的热度去阐释这个观点。比如讲述一些意料之外的、独一无二的、打破常规的事，这些奇闻轶事会一下子冲出纸张抓住你游荡的眼神和思绪，让你一心一意地聚焦在我们身上。

当然了，这些小把戏和噱头都是在意料之中的（至少是下意识的），所以一点也不令人感到惊讶，甚至侮辱了你的智商。所以，我们决定选择一种方式，希望你会发现一个有点讽刺然而又很低调的感叹号。

惊讶！ ☺

为了防止意外状况的发生，我们往往通过搜索引擎对每一次潜在消费或体验进行全面调查，这使得惊讶已经变得非常非常罕见了。实际上，这可能是现代人的不幸。因为惊讶吸引注意力，刺激好奇心，激励我们不断求索，使我们全心投入，同时创造了我们人生中最容易被记起的回忆。

在设计雇员体验时，我们经常使用驱动情绪活动来帮助项目负责人，以此来确定他们希望员工在体验展开时的感受。其中，经常被我们讨论的一种情绪就是惊讶。毫无疑问，特别是在与安全领导们合作时，这个问题几乎总能得到大惊失色的回应:"天啊,不可以!"接着就是"在说到风险时我们不能吓到大家"。我们明白,没有人愿意在工作中产生意外安全事故。但是当谈及人们在体验安全时的感受,或任何其他关于安全方面的举措时,或许我们不能这么快就抛弃惊讶避而不谈。

如果我们想要迅速获取人们的注意力,想要扭转枯燥的事或那些总是在可预测范围内的事,或者希望使人们持续长久地投入——惊讶往往奏效。

惊讶吸引注意力

日复一日,年复一年,工作千篇一律,我们在自我复制和例行公事中变得麻木。公司系统和流程把我们变成高效运转的机器人。这也无可厚非,对不对?有利于生产力,更有益于公司利润!但是这也使得唤醒工作中处于昏迷状态的人们并找回他们的注意力变成了一项艰巨的挑战。如果我们需要迅速获得注意力,就需要像激光一样聚焦——惊讶就会使人产生警觉。

惊讶打破预期

惊讶不一定必须是惊天动地的大变革。那些最有效的惊讶往往发生在当人们对某事根本不抱任何期望时,而我们创造的结果却远超他们的预期。比如重新设计一本老套枯燥的技术手册,使它更具吸引力。这看似不重要的变化可能能够改变人们对内容的投入程度,大大提高这本手册变得与众不同的可能性。

惊讶刺激长久投入

不可避免地,喜新厌旧是人的天性,随着时间流逝,人们对一件事物的兴趣会逐渐消逝,这一天性使人们很难维持对同一事物的长久热情和持续投入。而惊讶事件恰恰是冷漠态度的终结者。在关键节点应用惊讶事件,我们可以扭转事态,使人们的注意力投入重要领域中去——比如公司愿景、核心价值、市场销售、企业安全等你认为重要的事。

狂按大脑暂停键

在科学领域,惊讶是一种生理、心理和情绪状态。它是一种人类(以及其他动物)在经历意外事件时产生的震惊反射。

改变一个人的状态,就好像狂按人大脑中的那个暂停键。遇到了新鲜的或者是令人惊讶的事物时,惊讶使人们暂停手中的重复工作,它截获人们的注意力,重新调整关注方向,迫使我们将注意力聚焦到新的也可能是更重要的事上去。

这个过程依赖于我们的大脑海马体对惊讶的应激反应。大脑的海马体区域主要负责辨认、加工和储存新的感官印象。试想一下,海马体就像一个大脑的看门人——针对外来信息的新型探测器。当它侦测到新的或是不熟悉的信息时,就会做出应激反应,释放使大脑兴奋的多巴胺。多巴胺在整个大脑游走,再传输回海马体,形成兴奋回路,这个过程被称为"海马 SN/VTA 回路"(hippocampal-SN/VTA loop),这是已被科学明确证明了的形成长期记忆的大脑运作过程。

虽然我们使用几个段落阐述了大脑这一工作机制,但实际上大脑反应过程相当神速——仅仅需要 3~8 毫秒即可干净利落地完成这整个过程。

需要再次强调的是,从生存角度上来看,惊讶就像好奇心和预期一样意义重大。想象一下:你穿着动物皮毛在上古森林中蹒跚前行,这时丛林中突然蹿出一只巨型蜥蜴,这只可怕的爬行动物正用饥渴的眼神死死地盯着你这只盘中餐。"吓我一跳!"这一刻的震惊反射刚好救了你的小命。

如今社会,我们很少有机会再面临如此性命攸关的时刻,但我们对惊讶的反应却从未消失过。它是我们能够成功吸引他人注意力的非常有效的小技巧。

米娅和巧言石(第三部分)

让我们回到之前讨论过的米娅和她的高峰论坛的故事。但是这次让我们从另一个不同的角度再看看高峰论坛的准备工作。

当第一段视频不期而至地出现在参会者们的收件箱中时,视频中所有手绘的奇思妙想以及用浓重的爱尔兰语口音讲述的叛乱和维京人袭击等历史,都使参会者们明显感到惊讶。这段视频采取的沟通方式从各方面来讲都与常规的活动邀请不同。应用的媒介、风格和内容——都与参会者们以往的经验和预期大相径庭。

第二段视频同样是一个意外,但是到了第三周和第四周,参会者们都已经做好准备,并转变到对视频产生了一种预期的状态。

改变的催化剂

你可能在想,既然我们已经把米娅策划的活动的成功归因于好奇心和预期，那么我们现在还要主张惊讶也同样扮演了重要的角色吗？

我们刚刚的确肯定了好奇心和预期的作用，但现在也要强调惊讶所扮演的重要角色。

我们并不是出于懒惰而在好奇心、预期和惊讶中反复引用同样的故事——三者之间其实存在着紧密的关系。当某些事是被众人熟知的、预料之内的或被期待的时候，我们知道该作何反应：这里没有什么好看的，同志们。但是如果当事情是新鲜的或意料之外的时候，我们就会感到惊讶，随之就会萌生好奇心而想要挖掘更多。

动机和学习理论反反复复地流行，自20世纪中期以来，人们开始广泛认为非预期事件是我们追求新知识的主要驱动力之一。

约翰·霍普金斯大学的一项研究发现表明，惊讶是婴儿学习的重要方式之一。当你看到一个婴儿毫无缘由和逻辑地敲击某物时，这个奇怪的小东西有可能正对什么东西感到了惊讶，从而正在测试自己的假设（而事实上也差不多就是如此）。

研究者们注意到，如果婴儿们看到一个球像是滚动着穿过了一堵墙，那么他们就会把球撞到桌子上来测试它的坚固程度。如果他们看到一个球似乎正在半空中盘旋，他们就会通过扔球来测试它的重力反应。惊讶是好奇心和学习的催化剂。

惊讶还促成行为的改变。新的信息需要和我们现存的信念和行为进行调和。认知失调是由两种相互矛盾的观点所引起的令人不适的紧张感。为了缓和精神不适，我们可以坚持现有的行为而摒弃新信息，或者可以按照新知识对自己的行为进行调整改变。

在工作中这些理论是如何作用的呢？好吧，涉及行为改变的时候，没有比安全性更具挑战性的事了。出于一些任性的理由，我们不会做出改变来拯救自己——确实是的。这使我们下一个故事显得更加令人感到意外。

安全起见，佐拉牺牲了西瓜

日复一日在高楼大厦建筑工地上作业可能是一项重复且乏味的工作。一层楼一层楼地向上复制，工程建筑可能需要几年才能彻底完工。虽然这是一项重复工作，但是每一天、每一个楼层以及每个季节都会带来全新的挑战。为了保证不出现事故，时刻保持警觉和有危险意识是完全势在必行的。

HSE公司经理佐拉知道需要做些什么才能使人们对潜在的危险保持警觉，其中包括高空坠物带来的不良后果。

西瓜实验并不新鲜，但是在佐拉负责的施工现场还没有人做过。这个实验的内容是：从一层楼的高度扔下一个小件物体（比如说一块木头），地面上放着一个没有安全帽保护的西瓜。这是一场令人愉快的并具有教育意义的虐待水果事件。

这个实验在几个层面都有所收获。首先，它采用了不同的安全教育方式，这对于许多参与者来说都是个惊喜。* 的确，不可否认的是，看着西瓜爆炸会让人有点小兴奋。而第二个好处是人们从实验中学到的东西。在实际看到了木块掉落可能造成的伤害，并亲眼目睹了安全帽是如何拯救人的生命时，对有的人来说的确是一个彻头彻尾的意外。

有人在手机上以慢镜头拍摄了整个实验过程，并分享到了公司的中央内网上。仅以十几个西瓜的廉价投资和人们投入的半小时时间，佐拉创造了一段令人意外的经历，它给人们上了宝贵的一课，并深刻地印在人们的头脑中，提醒人们在工作中时刻注意安全。

* 一句警告：想要尝试与众不同并做出改变，就会遭到那些总是反对尝试任何新鲜事物的人的阻挠。做好准备！调查、案例研究——甚至这本书——都会有助于证明你的方法是正确的。

一段爱恨纠葛

所以，惊讶总是好事吗？

并不尽然。人类同惊讶有一段爱恨纠葛。我们对例行公事感到舒适，但是当生活太按预期进行时我们就会感到厌烦。惊讶使我们觉醒。惊讶令人兴奋，使人振奋，让我们情绪高涨。然而它也会使我们感到非常不适。

心理学家塔妮亚·露娜（Tania Luna）和莉安娜·伦宁格（LeeAnn Renninger）发现，无论伴随惊讶而来的是何种情绪，该情绪都将被随之放大400%。这使得惊讶的作用异常强大，但至关重要的是我们要确保它带来的反应是积极的。

我们面临的挑战是，我们对惊讶的容忍度会有所不同，这种容忍度可能会随着时间地点的不同而对每个人产生天差地别的影响。我们的反应可能是基于过去的负面经历，也可能是因为我们的生活中经历了太多的不确定性，而惊讶放大了我们内心的焦虑。

这意味着在企业动荡或变化时，要审时度势，有意识地使用惊讶。当人们已经处于紧张状态并变得非常疲惫时，即使是积极的惊讶也可能会成为压垮人们的最后一根稻草。

> 惊讶令人兴奋，使人振奋，让我们情绪高涨。

时机问题

时机是使惊讶影响最大化的关键性因素。也就是当我们所传递的惊讶对人们的反应方式产生巨大影响时。

一项对于峰终理论[1]在客户服务体验中的研究表明，人们最开心的时候是体验如预期开始，却以意外告终之时。这一研究结论在员工体验中也同样适用。想想在一个活动、计划或者入职体验中，如果我们以相当常规的方式作为开端，而将惊喜保留在中间段或者最后的关键时刻，那么我们可能会得到更好的投资回报。

另一个重要的考量是在制造惊讶后给人们留一些反应时间。如果人们未能恰当地吸收惊讶或不熟悉的体验，就会感到困惑，甚至想要逃避或逃离。无论导致哪一种状况都不是我们想见到的结果。

震惊！

所以，什么是震惊呢？

从心理学角度来说，震惊与惊讶极其相似，只不过它能够引起更加突出和强烈的负面情绪反应。是的，如果我们本章的标题"惊讶！"后面加了一个感叹号，那么"震惊！"就换一种字体（如果多加几个感叹号未免有点俗气）。

也许两者最重要的区别是，惊讶有可能是快乐的惊讶，而震惊则在大多数情况下都并不是令人愉悦的。它通常是令人烦扰的，而且很难面对。它故意使用令人惊愕的、恐惧的、反感的、悲伤的、愤怒的内容，或通过违反规范、道德、价值观以及传统来冒犯受众，或者以最粗糙的未经雕琢的形式来呈现事实。

广告策划有时会制造震惊，通过去掉多余的修饰内容，直截了当地吸引观众的注意力并制造话题，同时引起争议。"任何宣传都是好的宣

---

[1] 译者注：峰终理论（peak-end rule），即我们对体验的记忆由两个因素决定——高峰（无论是正向的还是负向的）时与结束时的感觉。也就是说我们所能记住的就只是在峰与终时的体验，而在过程中好与不好的体验的比重、时长，对记忆几乎没有影响。

传"这个谚语就充分说明了这种类型的信息传播方式。正因为如此，几十年来，在慈善事业中，在健康与安全信息传播中，在社会事业和一切反对运动中，震惊一直是主要组成部分。

但它是否奏效呢？

关于此类的信息传播方式是否有效已存在很多争议，但普遍的共识是，震惊抓住了人们的注意力，能够显著提高人们对问题的认识，并且在记忆中保留的时间比积极信息更长久。然而，它也被证明在改变我们的行为方面相对无效。

调查机构 PRWeek/OnePoll 的一项调查显示，47%的公众声称，令人感到震惊的图像和故事并不会提高他们捐赠或支持某项公共事业的可能性。英国防止虐待儿童协会（NSPCC）发现他们工作最难的一环是他们在募捐方面并不十分成功。

所以，为什么震惊在捕捉人的注意力方面如此有效，却在改变我们的行为方面不如惊讶那般有用呢？

好吧，那是我们对初学者的积极偏见。所谓积极偏见，就是我们倾向于相信坏结果不会发生在我们身上。虽然年轻人普遍会更特别地相信自己是铜墙铁壁坚不可摧，但其实我们所有人都更倾向于认为坏事只会发生在别人身上。

另一个问题是选择性感知（尤其是知觉防御），即当我们更专注于一些具体的细节时就会在潜意识里忽略其他信息。吸烟者更倾向于屏蔽令人触目惊心的反吸烟信息，因为它们太一针见血了。就像职业司机更可能对道路交通安全信息置若罔闻。

最后，就像任何依赖于我们注意力的策略一样，经常使用震惊策略会导致我们变得迟钝和见怪不怪。

预期 vs 惊讶

在一些情况下,我们需要衡量是否要为了达成预期而牺牲惊讶(或者是震惊)。这在故事叙述方式中得到很好的例证,有效的叙事往往会尽早揭示信息避免惊讶。当被揭示的信息非常戏剧化或充满情感时,这种叙事方式特别有效。

一对注定走向毁灭的恋人……

莎士比亚的名著《罗密欧与朱丽叶》一开头就告诉我们不要在这个故事里期待一个幸福的结局。但是这个信息并没有毁掉这个故事。建立预期而放弃制造惊讶使我们的情绪得以建立,这使我们对结尾的情感反应更加强烈。

恐怖电影经常借助烘托预期去建立紧张感并放大可怕的瞬间,让我们感到宽慰的反而是如期而至的惊吓(虽然是一种血腥而可怕的解脱)。音乐响起的时候我们就知道一些可怕的事情即将发生,但只有当悬念持续酝酿到爆发点时,才会最终迎来"惊讶"。

[充满悬念的音乐响起……]

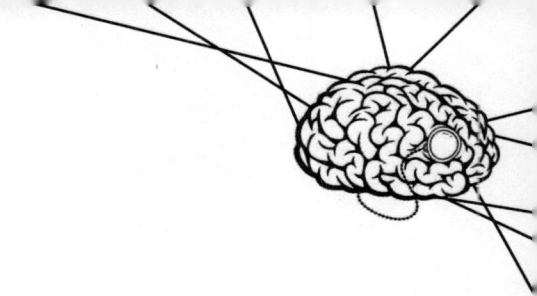

如何说……
惊讶

建议 07：传递"意料之外"

当我们以积极的方式打破人们的预期时,就会产生有效的惊讶。它不一定得是一个突然出现的充满威力的破坏球;即使最微弱的惊讶也可能是最令人难忘的。

为了有效传递意料之外的信息,我们应该:

- 保证实现一个比预期更好的结果。
- 帮助人们实现他们不相信自己有能力办得到的事。
- 使用传统的传播媒介、信息或经验,但以一种崭新的方式去传递。最不可能的时刻最有可能带来惊奇和喜悦。
- 让人们有机会通过使用惊讶反应引起认知失调的方式来改变自己的行为。

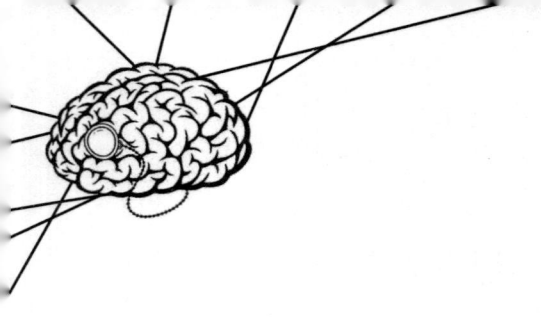

建议 08：选择恰当时刻

传递意外非常好，但更好的是在最不被期待的时候提供意想不到的东西。传递惊讶一切靠时机。

我们并不是号召人们把惊讶应用到我们做的所有事情中去。并不是这样的。别再鬼鬼祟祟地躲在走廊里玩儿躲猫猫吓人的小把戏了。不要再恣情任意地使人惊讶了。这不仅与惊讶的概念完全背道而驰，而且还有可能很快就变得非常老套。

为了在恰当时刻传递惊讶，我们可以：

- 将惊讶留到我们最需要获得注意力的时候，以避免惊讶变得可被预测。
- 在体验的中期以惊讶来创造值得回忆的瞬间，或者在事件进行到最后时制造惊讶，使事件以一个高潮结尾。
- 传递惊讶后留出时间让人们理清自己的感受。
- 避免在动荡、剧变或变化时期使用惊讶。
- 寻找机会将预期与惊讶结合使用。
- 回馈、奖励人们的贡献与表现。

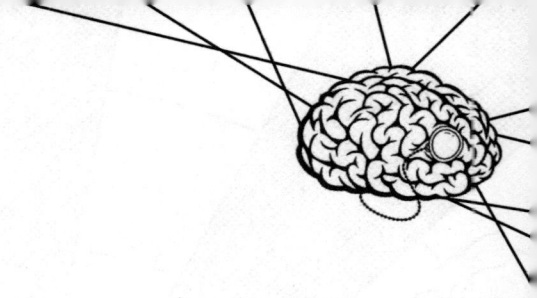

建议 09：保证做到"使人震惊"

明确来说，有效地使用令人惊愕的事件或经历就是使人震惊。如果适当利用，保证能够导致一系列的抱怨、冒犯以及愤怒。如你所知，这些情绪都是我们在工作中应该尽量要避免发生的。对于那些对冲突并不热衷的人来说，震惊这个方法并不适合。最好还是使用惊讶。

对于那些有勇气保证做到"使人震惊"的人，我们可以：

- 尽可能做到极致。现在不是害怕或者明哲保身的时候——"使人震惊"需要原始而强大的力量才能达到效果。
- 使用明确或对抗性的图像、语言和故事。记住，我们正在着力唤醒一种强大的情绪。厌恶、气愤、恐惧、悲伤——这些情绪都是成功引发震惊的标志。
- 尽可能地贴近现实生活。我们需要超越自我的积极偏向。使用真实的人和事来表达真实的情绪和反应。相比陌生人或不熟悉的环境，伙伴、朋友或家人的说服力将更强。这是仅有的恰当机会，不要把你的孩子们从故事中剥离出去。
- 强调情绪带来的后果，以及它可能给家人和朋友带来怎样的影响。
- 后续跟进其他积极的消息，更多关注触发因素而非仅仅关注带来的后果、改变的结果以及清晰的转型过程。震惊最适合应用于提高注意力和认识的活动，而不适用于实际改变行为的活动。

视觉
视觉的感官优势

正当我们写这本书的时候，正好有一个让全体网民都傻了眼的事实被揭晓：所有的彩虹糖实际上都是相同口味的。而我当然知道为什么了，是的！事实证明，如果只是把相同口味的糖果染上不同的颜色，并且赋予它们不同的气味，这样操作起来比生产不同口味的糖果要便宜经济许多。而这也就意味着，我们所有人都没有真正尝过彩虹的味道。没有柠檬，没有葡萄，什么都没有，只有被欺骗了的眼球（还有鼻子）。

让我们不寒而栗的并不是我们一直生活在谎言之中。恰恰相反，我们强大的视觉系统竟然能够改变人们看问题的角度和观念，这让我们无比兴奋。

这没有什么好惊讶的。在我们所有的感官中，视觉是我们用来了解这个世界使用率最高的器官。据估算，我们大脑处理的信息中有超过90%来自视觉；大约70%的感觉器官和差不多一半的脑灰质都投入到（直接或者间接的）视觉信息处理之中。与之相对地，我们大脑之中只有8%负责触觉，还有可怜的3%集中在听力信息处理上。这些都是事实（除非有一天它们被证明是有误的，因为这就是科学的逻辑）。

大脑对于视觉的这种偏爱，意味着在工作中吸引人们的眼球将带来众多好处。比如它可以使复杂内容简单化，增进理解，缩短反应时间，帮助回忆，吸引并引导我们的注意力——这些都是使沟通视觉化带来的优势。

然而，有悖常理的是，沟通中的视觉元素时常被视为事后补充物，这还是在最好的情况下，而最糟糕的状况是它仅仅被当作装饰而已。没错，现在是该我们疯狂呐喊的时候了。[笨拙地把临时演讲台拖到舞台中央]

朋友们，现在大家普遍对视觉设计漠不关心。人们认为视觉毫无意义而且简直就是浪费时间和金钱。或许他们存在这样一种误解，简单地认为艺术和设计是一回事，尽管二者有着截然不同的目标和宗旨。

毫无保留地表达心声：我们热爱艺术。当第一次看到莫奈的《睡莲》时，我们都被它深深地吸引而寸步难移，我们流下的激动的泪水足以注满整个莲花池。但是，以追求美为唯一目的的艺术并不是我们在工作中所推崇的。另一方面，好的设计不仅是装饰这么简单。的确！视觉设计将创意与科学结合起来，由此提升体验，提高可读性和实用性，增强清晰度、理解性和联结性。它使一切得到简化。它使信息更容易被记忆。它获得关注度，增加投入度并创造不同。所有这一切优点都使视觉设计变得非常重要。

视觉吸引我们的眼球

剧透慎人：在接下来的几页中，我们将以批判的眼光重新审视 PPT 演示文稿的应用，我们不能把它当作 Word 文档来使用，它不是横向信息的罗列，而是一个以视觉化的方式去辅助演讲人的演示平台。我们还将会把这种批判延伸到对其他视觉化工具的误用上。这是因为，当我们有效地使用视觉时，我们的注意力将无法抑制地被它吸引且聚精会神。它的简洁让我们只要看一眼就能迅速理解消化其传递的内容信息。

视觉促进联结

视觉化改善了我们与内容的联结。它吸引我们的眼球,诱捕我们的思绪,经过一段时间后就永远停留在了我们的记忆中。视觉化甚至使乏味至极的数据变得趣味横生。的确,当我们试图突破熟知的语言而用视觉表达内容时,结果可能会非常激动人心。

视觉建立辨识度

当我们考虑构建外部品牌时,使用视觉去建立识别度和差异化,效果会更突出。当我们看到弯钩符号时就马上明白这是耐克品牌;我们知道它代表着伟大,是体育精神的代名词。在企业里,当我们为一项计划、一个部门或一系列活动进行宣传时,同样可以获益于构建视觉化品牌这一技巧。虽然如此,朋友们,且慢。这不是说要把每个文件都套用公司模板,也不是把同一个模式应用于所有内容。我们需要……对症下药。

[请内部公关人员提高警惕]

❝ 史蒂芬与他的锦囊妙计

分析师史蒂芬遇到了一个棘手的挑战。全球关键绩效指标(KPI)、数据元素定义和工作类型定义,如何让员工对他所在企业的这些重要却又繁杂的信息有所了解并充满热情。这些都是相当重要的信息,我们当然都知道,但是137页的厚度,不是所有人都能够目不转睛地从头看到尾的。

虽然如此，史蒂芬根本不认为这是个问题。他知道一定有更好的方法去沟通这些乏味但重要的信息。备忘清单，或者诸如此类的东西，一定有一种方法，可以使那些忙碌的家伙能够迅速找到自己需要的信息，而不至于在这个过程中昏睡过去。

所以他的解决方案是什么呢？"指标手册小抄卡片"，一副有52张牌的卡片，上面包含简短定义和双关语，比你以往任何时候需要对付的双关语都更多。对付……嗯，没错。

除了简短的文字定义以外，卡片以视觉为主。为区别三种定义便于辨认，均以不同颜色对其进行编码。每个指标都被加注独特的符号，使每个定义看上去都清晰明了，同样也使相似指标间的关系一目了然。

在把卡片分发给相关人员后，大家充满好奇，没有一个人的面孔是严肃的（😉）。视觉轻而易举地捕捉了需要应用这些指标的员工的注意力，并且保证了所有的重要指标都被汇总到一起，当人们需要时，可以迅速找到它们。

眨眼之间

史蒂芬的"指标手册小抄卡片"之所以成功，是因为他把密密麻麻的文字转化为高度视觉化的形式。虽然文字确实是表达细节的一种明智选择，但这庞大的知识量却让使用者们望而却步。视觉化内容正是减负的好方法——精简复杂内容，以明确的图像进行表达。

有人曾经说过，一张图片胜过千言万语，这表明确实有很多话语是可以省略的。虽然这个习语难免有不科学之嫌，但已被无数次证明的是，我们的确以相当惊人的速度去处理图像信息。

麻省理工学院的神经科学家发现，人类可以在短短的13毫秒内处理整个图像信息,他们估算,只需要额外的 100 毫秒就可以开始给这些图像赋予相应的意义。为了便于理解这个数字,举个例子,我们即使眨一下眼睛都还需要 300~400 毫秒的时间。

相比之下,我们的眼睛以一种可怜的速度爬过字里行间,慢吞吞地掠过每一个单词,然后费力地弄明白它们的含义,再把它们组合起来,形成可理解的句子和段落。

或许这也是一个进化的问题。文字诞生才短短几千年而已,而远从我们物种的存活还依赖于迅速分辨凶暴的霸王龙和温顺的雷龙时期开始,视觉就已经对我们的生存起到至关重要的作用了。

在我们学会用语言去描述事物的很久之前,我们就已经能够从视觉上认识它们了。这可能同样也是个进化问题。霸王龙(Tyrannosaurus)确实是一个冗长的名称,听起来更像是一个食人蜥蜴的名字。当你们遇到它时,希望在你把这一长串名字喊完之前,你的同伴就早已看到它并且逃跑了。[1]

对于我们不想成为别人盘中餐的这一倾向也许最大的原因来自移动物体对我们的吸引力。弗吉尼亚大学达顿商学院市场营销学教授卢卡·西恩(Luca Cian)发现,即使是具有动态效果的静态图像也可以很快抓住我们的注意力,并缩短我们的反应时间。

在一项研究中,西恩教授摸索如何在道路交通指示标志上加入动态图像以缩短司机的反应时间。他发现,即使是最轻微的调整——把交通灯上的人形描绘为奔跑而非缓慢步行的状态——就足以将司机的反应时间缩短大约 50 毫秒。这个数据听起来似乎微乎其微,但是对于一个将车开到时速 96.5 千米的汽车司机来说,这 50 毫秒足够完成 1.4 米的刹停距离。而这个距离恰恰足够阻止一场交通事故的发生,甚至挽救一条生命。

---

[1] 永远不要让时间顺序成为一个好故事的绊脚石。

视觉化内容还可以帮助我们记忆。

爱荷华大学心理学和神经科学副教授艾米·莫尔姆巴（Amy Poremba）研究发现，相比于用耳朵听到的，我们更容易回忆起曾经亲眼所见（和触摸过）的事物。随着时间的推移，这种差异变得更加显著。

当涉及记忆时，视觉也胜过文字。对图片优势效果的研究揭示出，当阅读文字信息时，3天以后我们大约可以回忆起其中10%的内容。但是，如果在相同的信息中包含了相关图像，我们的回忆率竟可以高达65%。这主要与我们处理记忆的方式和区域有关，文字信息由短期记忆处理，而视觉内容则在长期记忆中加工储存。

虽然这个习语难免有不科学之嫌，但已被无数次证明的是，我们的确以相当惊人的速度去处理图像信息。

帮助我们记忆的不仅是形状和物体本身——颜色也同样协助记忆。施乐公司（Xerox）的一项研究表明，只是简单地为技术文档添加色彩就可以使人们的回忆率提高多达82%。[1] 由此可见，用荧光黄色喷涂重要信息总不会出错，再上点霓虹橙色也不失为一个好办法。

赋予数据人性

那么数据呢？

就拿股票数据来说，电脑银幕上闪烁着一支低迷股票的电子表格，其中充满了包含无数小数点的数字、原色切片的饼图和毫无吸引力的标题——一阵强烈的睡意袭来。

我们并不会因此责备你。

尽管如此，这还是我们工作中重要且不可避免的一部分。根据目标、

---

[1] 这个数据也不能尽信。因为毕竟这是一家出售彩色打印机和复印机的公司统计出来的数据，表现优秀得让人有些怀疑。

指标和可测量内容对经营业绩和进度进行跟踪，这些是人们实行责任制的基准。在一个日益不确定和动荡的环境中，数据提供了一种温暖的确定感。它为决策和方向的制定奠定了坚实稳固的基础。

数据是严肃的，但是不能仅因为我们在谈论数据，就将它与数学混为一谈。数据是可以使人兴奋的，这种设想并不愚蠢，因为它的确可以吸引人们的注意力。简单来说，我们只是需要用对方法。

让我们从简化开始说起。我们是人，不是机器；解析大量数据并不符合我们的天性。对于我们大多数人来说（统计学家、数学家和研究人员除外），讲述重要的事项而非枯燥的数据能够有效地帮助我们聚焦和减轻认知负担，并可能提高记忆力。

通过赋予图像人格，即使是最冗长枯燥的统计数据也都变得更妙趣横生。

想象一下表达节约用水量的符号。当可以用水滴、水坝或湖泊来表示时，为什么还要用普通百分比符号或条形图来表示呢？

如果我们能把数据变得更有相关性和联系性就更好了。让我们超越普通的节约用水数据，考虑它对我们人类意味着什么。它可能意味着把每年浇灌植物的用水量和每年日常洗浴用水量相比较。突然之间，那个硕大而无意义的数字变得和我们的生活息息相关起来。

最重要的是，我们可以将数据与情感联结。

我们可以使用视觉隐喻或将数据编织成故事。继续沿用之前举的例子，我们可以记录水的旅程，就好像它是人一般。这就把水从商品转化为与我们有关系的角色——我们更可能关心的角色。

撞车率是一项重要的参照指标，但我们也可以把这些数据表示为在我们自己的团队中员工每个月可能被卷入事故的概率。这种表达方式远比冰冷的小数点更贴近我们的生活。

数据是可以使人兴奋的，这种设想并不愚蠢，因为它的确可以吸引人们的注意力。简单来说，我们只是需要用对方法。

布兰登的安全游戏

作为世界领先的玩具制造商之一,这家公司明白自己的品牌代表什么——它的愿景和价值都围绕着玩儿。然而这个价值从未被转化为安全。关于这点并没有什么好惊讶的;安全是一件严肃的事!但是作为 EHS 公司的全球总监,布兰登深信"安全游戏"的可能性。

布兰登有一个愿望,那就是为员工引进一种全新的安全思维方式,而在此之前公司从未试图发挥这些员工在安全方面的积极作用。他的方法分多层次进行。他希望管理层们积极参与行动和沟通,以使"安全游戏"这个策略得以贯彻执行。他还希望采取一种能够横跨 12 种语言的沟通方式,尽量不用翻译就能使各种语言顺利实现沟通。

这很难,但他没有退缩。布兰登使用了高度视觉化的手段创造沟通内容,使跨越各种文化、各种语言、各个年龄段以及各个能力范围的人都能理解。他的执行策略包括一份《安全游戏》期刊,用来指导管理层人员顺利完成该策略。期刊中用趣味漫画插图的方式来描述主要风险。它使用一系列视觉活动来介绍主要的安全领域,如安全隐患找碴儿游戏和《寻找威利》形式的谜题。它还应用视觉指南使安全互动游戏更易操作。此外,为了使安全数据更生动,布兰登使用包含象形图的信息图表来确保理解。

自布兰登的"安全游戏"向管理层们推广伊始,他们就明白这项活动的目的是什么,并且明白他们需要做些什么。期刊这个策略的成功,源自以高度视觉化的方式传递关键信息。第一眼看上去,这就是一本单纯的安全期刊,与普通的期刊并无二致。但是深度浏览其内容,则会发现其中的漫画和互动内容都是管理者们未曾从别的期刊中看到过的。

差异化，和一点反抗

所以我们正在行动——我们正在使一切视觉化。那么现在我们要做的就是使之与众不同。是啊，如果我们追求的是关注度和影响力，那么我们最不希望看到的状况，就是传递的信息淹没在众多其他信息中并被混为一谈。

我们需要使用新颖的、不可预测的和意料之外的元素去引发好奇心和惊讶。为了消除典型的企业内的沟通混乱，我们需要在视觉上区分我们的工作。

朋友们，在此奉劝一句，在这个阶段值得一提的是，没有什么，没有什么——再没有什么——比改变视觉风格更能引起市场营销和内部沟通人员的警觉了，因为他们或许会说这一行为将"篡改品牌"。

在一些企业中，只要考虑使用有趣的字体或水果色彩风格，就能让你收到一封措辞严厉的电子邮件并附上公司品牌风格指南（或品牌书）。这些神奇的指南规定了你对公司品牌所有能做和不能做的事情。而且这个东西在保证公司对外品牌一致性上出奇地有效。不幸的是，为了实现一致性而在内部过于教条地使用这些指南，就会导致一切看起来都一模一样（更多内容详见下一章"当心：习惯化的潜伏之惑"）。

所以如果我们想要做到差异化，那么我们还能保持沟通的一致性吗？

当然还是有办法的，但并不是以常规的品牌思维来沟通。我们不要毫无感情地使一切看起来都一模一样。事实上，我们甚至可以不要使用那个以"品"开头的词 [小声说：品牌]。它包含了太多含义，吸引了不必要的注意力。取而代之的，让我们把它叫作……建立辨识度吧。

当涉及认知问题的时候，我们需要在传递的信息、价值观、使命和目标——以及在我们沟通中的用心和努力水平程度上保持一致。这些都是重要的事情。以下我们提到的就是两种完全不同种类的公司沟通人员。

第一种是完全明白这种观点的。他们懂得沟通就是建立联结。他们认识到风格指南就只是指南而已，并不是铁律。在你的公司里，我们希望你能幸运地拥有这些好员工。你也能少遇上点麻烦事。

但是，下面就是第二种人了。这些人坚信沟通就应该是毫无人情可言的、标准化的。他们相信任何尖锐的三角形都能按照他们的规范要求磨成正方形。他们充满热情地把风格指南推广给普罗大众，因为他们相信这就是风格指南在这个世界上存在的唯一目的，任何被裁定犯规之人都要被严惩不贷。

我们需要使用新颖的、不可预测的和意料之外的元素去引发好奇心和惊讶。为了消除典型的企业内的沟通混乱，我们需要在视觉上区分我们的工作。

你能够轻而易举地辨别第二种类型。他们是下面这种人：在他们办公桌上摆着的每一份工作文件都仿佛叫嚣着"一致性！"他们会用红笔勾画每段话，并在旁边注释"品牌导则！ 148 页！……"

这全是些怪物……

" 莱娜逆流而上

莱娜在一个大城市的公共事业公司工作，她主要负责人力、领导力和文化等方面的工作。她在自己的工作领域游刃有余，并且真的想要为公司员工带来一些改变。

莱娜所在的公司正在经历一个变革时期。这是一个动荡的时期：整个行业都在经历变革，每个部门都正在重（缩）组（小）。仙人掌植物哀伤地躺在打包纸箱中，绝望的人们在公司大厅踱步，洒下最后的身影，久久不愿离去。大家信心大减，士气低落。

在这个过渡时期，迫切需要引导员工们顺利度过。莱娜看到了机会，她通过提高透明度和提供及时且始终如一的信息来改善员工体验。

在团队的协助下，她在深思熟虑后构建了一个框架，并和一个战略沟通计划整合在一起。这个框架提供了人们迫切想要了解的信息、援助以及公司愿景。这不是一份没有人情味的、充满难懂行话的公司文件。没错，莱娜以一种人性化的方式将它们整合到一起。与其他没有人情味的文件相比，它反其道而行之，像灯塔一样闪烁着人性的光辉。它的内容充满了丰富的视觉隐喻、富有远见的战略路线图、手绘视频——这是一场"说人话"带来的胜利……

然而公司内部沟通部门却把她的心血弄得一团糟。

从大写字母的使用，到字体大小和标题尺寸，他们都改得面目全非。其中插图风格违反了公司要求的应该全是水的照片这一规定，所以最后只能和视觉隐喻说拜拜了。直到最后一点点人性化内容都被剥夺殆尽，他们才停下来并按照公司风格指南中要求的明确规格对文件进行重新改造。

当他们完成了这一切的时候，它看起来和公司的其他沟通文件并无二致了，当然也和其他文件一样缺乏热情和影响力。莱娜想要打造与众不同的文件的目标彻底失败了，因为它彻底忽视了目标读者的需求。

虽然如此，这个故事并没有全然以悲剧结尾。

让我们快进到几年后。莱娜开始重组她所在的部门，并且致力于开展一个企业文化变革计划。这次有什么不同吗？显然她已经赢得了一些重要的战斗。内部沟通部门已经认识到他们需要对公司风格指南进行一次严肃的彻底整型。过度规范大势已去，让我们对可能性说"你好"。新的风格指南充满更高的灵活性和更多的可变性。

莱娜的工作干得相当漂亮，但是她更优秀的地方在于建立联结的方式和带来的不同。

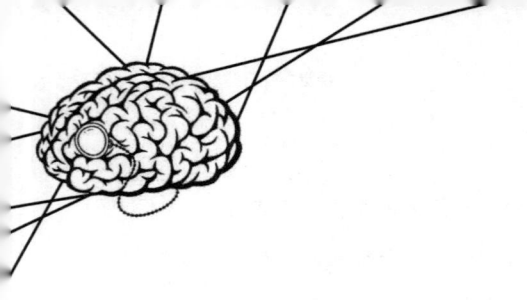

如何说……
视觉

建议 10：使沟通视觉化

通过在沟通过程中更多地应用视觉，我们能够简化内容，减少文本量，增强理解，缩短反应时间以及帮助回忆。有时文字可能会导致误解，而适当的视觉则能够更清晰、更明确地传递信息。这对于全球性企业来说尤其重要，因为视觉能够消除语言和文字造成的沟通障碍。

为了使沟通视觉化，我们可以：

- 以相关的插图、照片或图表来支撑重要内容。
- 把重要的或者复杂的信息转化为图表或者模型。请不要忘记让信息保持人性化，为此可以在其中注入个性、性格、好奇心和幽默等元素。
- 使用色彩制造冲击力并帮助回忆，同时色彩还有助于信息内容区隔或分类。
- 当需要人们做出快速反应时，我们可以使用具有运动感的动态图像。

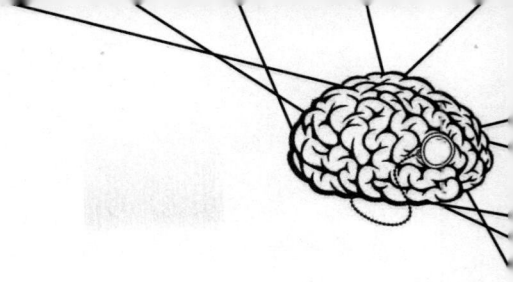

建议 11：人性化的数据

朋友们，我们不需要枯燥乏味的图表和毫无趣味的饼图。让我们为数据加入人性化元素并进行更好的视觉化处理，从而赢得眼球，征服他人的心灵和精神。

为了使数据人性化，我们可以：

- 超越常见的普通图表和图形。我们可以使用符号、图标和图像来从视觉上直观表现数据内容。
- 把图形、数字、数据与视觉隐喻联系起来，或者通过叙事方式唤起人们的情感。
- 使数据个性化，让它们具备相关性和联系性。将毫无意义的冷冰冰的数据转化成与我们的生活息息相关、更为人所熟悉的统计数字，或者和真实故事联系起来。

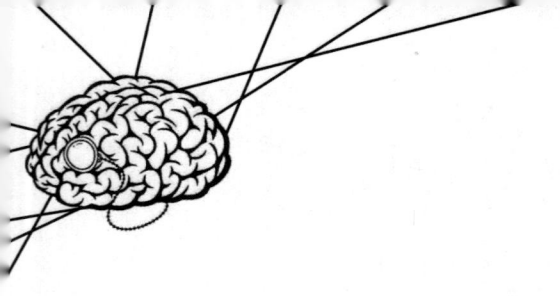

建议 12：差异化

我们可以利用新奇事物来引起好奇心，用惊讶来吸引注意力。同时，即使面对的是最专横的公司沟通人员和市场营销警察，我们也可以在麻烦最小化的情况下做到这些。

为了做到差异化我们可以：

- 应用与传统沟通方式完全不同的色调体系。大多数（好的）品牌指南都会明确列出品牌的几个主要应用色彩及众多辅助色彩。很多时候，沟通是如此标准化，以至于人们常常只使用一两种色彩，而我们则可以按指南规定合法地对其他众多色彩善加利用。

- 选择一个不同以往的图像风格。为了让我们的工作实现差异化，无穷无尽的插画和图片风格可以为我们所用。

- 改变沟通媒介和渠道。我们不要被海报、电子邮件或者内联网限制住思维；让我们的想象力尽情地自由驰骋吧。从来没有任何一个品牌指南明文禁止使用信鸽。好好想一想吧……

- 避免在重要的信息传播中使用模板。我们明白，人们使用模板是为了节约时间，节省精力，以及避免来自沟通部门的麻烦——但是与此同时，模板把一切都搞得一模一样，那些重要信息也被埋没在一堆普通文件之中，难以区分。如果它真的很重要，那么从一开始我们就要让它与众不同。

- 改变标题、说明文字和文字的传播语调。就像图片一样，语言同样可以使我们的沟通内容具有差异性。

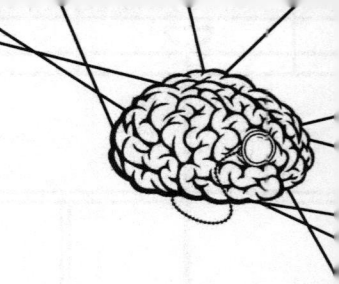

建议 13：建立辨识度

我们对一致性的定义是,使工作保持一致性能够为我们带来关注度、投入度和影响力。我们的目标是能够使人们分辨沟通片段的来源,并且迅速识别是否值得花费时间投入关注。

为了建立辨识度,我们可以:

- 为了使人们保持关注,要确保视觉元素的灵活性。比如改变颜色、更换字体、替换图像风格、变更渠道和传播媒介等。在元素间保留小的视觉联结(可能只是一种颜色或者图像样式),而不是让任何东西都像是一个模子里刻出来的。
- 对重要的事项始终严苛以待:比如我们的核心信息、公司愿景、核心价值、企业目标和使命等。这些都是我们沟通的基石和过滤器。

当心……
习惯化的潜伏之惑

在《孙子兵法》中，孙子建议我们充分了解自己的敌人。关于这一点，我们有什么资格和孙子争论呢？所以，让我们来介绍一下你的敌人。你的敌人不是注意力——这是随胜利而来的光荣战利品。对，你的敌人，你的天敌，就如同对于凯撒来说像布鲁图斯那般的劲敌，是一种被称为习惯化的现象。

习……习惯……化？什么意思？

哦，你也许从未听说过什么是习惯化，但你一定曾经感受过它。如果你曾驾轻就熟地开车却忘记所有的操作细节，如果你住在航线下方但并没有意识到飞机从头顶飞过的噪声，如果你发现自己在一个5岁孩子嘈杂的庆生宴上依然能一如既往地和其他父母顺利攀谈，或者如果当你发现电视在播放广告时自己已经开始走神了的时候，你，我的朋友，就已经被习惯化了。

然而，与我们更息息相关的是习惯对沟通的影响作用。

阻挠获取关注度的真正敌人，其实就存在于我们自己的头脑中，即大脑组织过滤熟悉事物的运作方式。这就使得理解——和彻底击败——习惯化变得确实至关重要。

一切尽在思维中

由于我们是喜欢把事物拆解开来观察其内部运作机制的那种人，那么就让我们来用一把隐形的手术刀打开你的头骨，看看它的内部结构吧。

在我们的大脑中有两种思维：隐性的和显性的。它们彼此合作，但是并不完全互相理解。就像一对老夫老妻，一匹马和它的骑手一样，或者像在红迪网[1]被每个人都津津乐道的用户"kc7wbq"关于"蜥蜴与大爸爸"的神回复：

> 你的思维由两部分组成。你有一个"大爸爸脑"，它是你以及你的有意识思维。它的动作很慢，却非常聪明。另外你还有一个"蜥蜴脑"。它就没有那么聪明了，但反应很快。它就是能以迅雷不及掩耳之势把将要拍到你脸上的球接住的那个家伙。你的"大爸爸脑"喜欢思考新事物和大事。一旦它开始对某事感到厌倦了，就转而把事情移交给"蜥蜴脑"处理。这个过程就叫习惯的养成，或者叫技能的学习。当你第一次开始学习开车，或者行驶在一条从未驾驶过的公路上的时候，你的"大爸爸脑"就不得不全神贯注去帮助你做决定并控制你的肌肉。但是现在你已经如此轻车熟路了，你的"蜥蜴脑"学会了该如何操作。如果"大爸爸脑"想要监控"蜥蜴脑"的工作，这也没有什么问题，从安全的角度来说这也可能是件好事，但其实也有点多此一举了。

用朴实的语言总结一下，就是我们的隐性思维负责日常规律性事务，也就是那些能够自动完成的事情，从而使显性思维有精力去思考其他事

---

[1] 译者注：红迪网，英文 Reddit，是一个娱乐、社交及新闻网站，注册用户可以在网站上发布文字或链接，基本是一个电子布告栏系统。目前是美国第五大网站，流量仅次于 Google、YouTube、Facebook 以及 Amazon。

情。显性思维思考的都是些重要的事，或者甚至是白日梦——它天马行空，随心所欲，直到有意想不到的事情发生。惊讶、震惊或者好奇心的产生——它们能够把游荡的显性思维抓回来重新投入关注。

正是因为两种思维之间存在的这种奇特的关系，才使我们能够在不用投入很多意识进行思考的情况下就可以完成一般的工作。而且它使得重复性工作特别容易变成习惯。工厂流水线工作、日常办公室工作、建筑、驾驶——惯性在这些工作中都比较常见，而做这些工作的人也都最有可能变成自动驾驶仪。

到这里，你可能会想，为什么大脑要这么一意孤行地阻挠我们的注意力呢？习惯为什么会存在呢？

其实，这一切都是为了生存下去，一个不可避免的事实……

> 惊讶、震惊或者好奇心的产生——它们能够把游荡的显性思维抓回来重新投入关注。

我们皆是动物

这是一个需要面对的潜在事实：无论我们无毛光滑的身体躲在多么高级的时装背后，无论我们读过多少文学名著，无论我们多么精通于奶酪和熟食冷肉的摆盘——我们都还是动物。而且我们和这个世界上的其他动物有一些相似点——特别是强大的生存意志，以及为了生存而学习的能力。

这种学习的方式就是习惯化。

随着时间的推移，我们慢慢学会了对一成不变的事情不做回应，没有奖励也没有惩罚。这使得我们自动屏蔽那些非必要的事情，从而全神贯注地聚焦在重要事务上——那些真正需要我们的注意力的事情。

请大家脑补这样一个画面：一只小鹿跑进森林中。突然有一个声响——或许是一颗松果从树上掉了下来——小鹿被惊着了！啊……但是过了一段时间，好多松果应声而落，如果不是突然砸在它的头上，这些松果就再也吓不到这只小鹿了。

接下来，我们就该谈谈工作中的沟通问题了。

现在我们能十分自信地设想，在公司内能够造成的最严重伤害可能也就是被纸划伤手而已了，唯一致命的事——被 PPT 演示文稿折磨致死。因此在我们的需求层次中，日常公司沟通的地位相当低，因此也就不值得我们投入更多的关注。

是的，"大爸爸脑"不在办公室，由"蜥蜴脑"掌管一切。

但惯性是如何工作的呢？更重要的是，我们如何战胜它呢？

一切皆因接触

习惯形成的速度取决于四个主要因素：

1. 频率：我们越常接触某事物，就越容易对其形成惯性。
2. 间隔：我们接触某物的时间间隔越短，就越容易产生习惯。
3. 持续时间：我们接触某物的时间越长，就越快能形成习惯。
4. 强度：刺激物强度越大，越容易对其形成习惯。但是这里有一个问题：接触非常强烈的刺激物会导致习惯的形成变得更缓慢，在极端的状况下，甚至根本不能形成习惯。

现在，思考一下大多数的企业都是如何沟通的：数不尽的电话、备忘、海报、内网公告、会议和电子邮件等，以排山倒海之势不断轰炸你。当涉及设计方面的工作时，请翻开公司品牌风格指南，然后复制粘贴。

高频率、短间隔、长时间接触以及超强的一致性——形成习惯的完美组合。

确实如此，员工之间的沟通都使用一模一样的方法、媒介、语调以及图像风格，日复一日，长此以往，使得沟通沦为我们日常工作的背景——逐渐模糊不清，消失殆尽。

幸运的是，这本书中所涉及的大部分策略都被证明是"习惯的破坏王"。好奇心、期待、惊讶、幽默、视觉——这些都是我们用来打破惯性而赢得注意力的法宝。

我们还可以使用通过攻击源头的方法来打破惯性。

建立不可预测的和快乐的节奏

改变刺激物、调整频率、变换间隔时间、更改持续时间,以及降低强度——这些方法都可以攻克惯性。

而我们需要将这些方法结合起来使用。

改变传播媒介、传播渠道和传播风格。如果以往你总是使用海报,那么这次就分享一段视频。如果你已习惯用视频传播一切,那么就在厕所门上贴一两张海报。如果安全宣传海报已经灰尘满布了,那么就把它们撕下来,换成时下流行的络腮胡元素吧。永远不要为重要的沟通事项预设模板。

建立仪式和形成惯例都是好事,但是永远不要让"一切皆在预料之中"将它们抹杀。相反,要去构建一种不可预测的和快乐的节奏。

不变、不变、不变——然后扔一颗手榴弹。

把风格指南扔进碎纸机

把外部品牌指南应用在内部沟通上,当我们想要表达这件事是如何荒谬时,都词穷了。所以就让我们借用罗宾·威廉姆斯在《死亡诗社》(*Dead Poets Society*)中的台词吧:

> 屁话!这就是我对"风格指南"的评价。我们不是在安装水管,而是在谈论诗歌……现在,我要你们把那页撕了。来吧……撕!快点撕了它!……我们要在上面打个孔,把它

们串成一串。这不是《圣经》……你们也不会因此下地狱。

在某个闪烁着荧光灯的小隔间里，某个沟通团队正在集体瑟瑟发抖。刚刚有个人说了一件非常非常糟糕的事。

> **建立仪式和形成惯例都是好事，但是永远不要让"一切皆在预料之中"将它们抹杀。相反，要去构建一种不可预测的和快乐的节奏。**

说起来我们确实感觉有一点点可怕。设计和品牌是公司 DNA 的一部分，因此我们正以一种非常沉重的心情与风格指南进行抗争。我们一方面欣赏它们对保持一致性的一丝不苟，以及他们对细节的深度追求。而另一方面，我们则意识到就内部沟通而言，从根本上来说它们是存在缺陷的。

问题存出在品牌指南的目标上。品牌指南是用来培养高度一致性的沟通的，它摒弃了多样性。它在发生频率、间隔时长、持续时间、强度等这些要素上表现良好，能够很好地获得客户的关注，除此之外，对于那些间歇性地接触品牌和偶尔需要沟通的人来说，品牌风格在博取关注度上也起到一定作用。但是如果我们在内部沟通时也使用相同的技巧，那么对于那些每天都要接触公司品牌的人来说……

你好，习惯化。

不幸的是，许多公司的标准流程是完成一项工作，然后发送给沟通部门进行审核确认。在这个过程中，那些学习过市场营销和品牌建设的人做到了学校里老师曾教他们的和在公司里雇主要求他们做的事：标准化和顺从。他们执行品牌风格指南，对细节锱铢必较，以此来保持品牌风格的一致性。并且，在不经意间——潜移默化地沉浸其中。

一旦我们被习惯化了，那么就此与关注度永别吧——从某种意义上来说你也赢了，如果你把赌注押在保证未来所有沟通肯定会一直被忽略上的话。

工作中的有效沟通不应该仅仅考虑细节和那些直观的东西；而应

该更多地关注愿景,关注一切背后的为什么、企业文化、品牌价值、传递信息、品牌故事。不要去斤斤计较那些副标题的精确行距和标题字体的准确大小。

> 他们执行品牌风格指南,
> 对细节锱铢必较,
> 以此来保持品牌风格的一致性。
> 并且,在不经意间——
> 潜移默化地沉浸其中。

我们的沟通应该培养创造性;包容多样性。让我们超越标准化;让我们创造与众不同。让我们停止将外部品牌传播那一套生搬硬套到内部沟通上,停止再向已经对品牌如数家珍的员工们兜售品牌风格指南。哎,请把公司标志完全拿到一边去——我们十分确定这里每个人都知道自己是在什么公司工作。

继续前进吧,敢于以引人注意的、与众不同的方式沟通。勇敢地去与品牌风格指南进行抗争,勇敢地挑战那些盲目的鹦鹉学舌之人。

撕吧!撕吧!把它撕得稀巴烂……

讲故事
一个表述精彩的故事带来的搔痒般快感

当我们人类第一次发出不像样的"咕噜咕噜"声并且拖着满身毛发走在冰冻苔原上时，当我们向着比自己体形更大、更凶狠的生物挥舞岩石时，我们的物种就已经开始讲故事了。原始人类中的一些幸运儿得以逃脱回家，把自己幸存的故事说给部落里的同伴们听，族人们从中学习到了宝贵的经验，比如更大的石头有助于防身，以及要培养更好的心血管功能来对抗敌人。

从那时开始到现在，甚至可能到遥远的未来，讲故事是我们分享和分析经验、传递知识、记录历史和互相娱乐的再自然不过的方式。确实如此，远在PPT演示文稿和公司政策手册出现之前，故事就是我们学习的方式：技能、历史、伦理、道德、文化规范等……当然还有以上描述的如何逃离野生动物。

当我们要讨论"如何说人话"时，不可能不聊聊如何讲故事。但是坦率点说，在工作中使用讲故事这招已经并不是什么开天辟地的新鲜主意了。已经有数不清的书籍、文章和相关行业的专家，纷纷以各种形式滔滔不绝地宣称讲故事是解决我们所有投入度问题的良药。

凭直觉，我们大多数人都知道讲故事是一个很好的建立联结的方式。而如何讲故事，以及什么时候讲，则是决定我们成败的关键。且不说我们有些人天生就是讲故事的高手，而其他人……则不太擅长。有些人可以在星期六晚上的酒吧里将一个大鱼脱线的故事讲得绘声绘色，但是即使如此也请先别着急，我们并不需要把自己变成那种人。在商场上，最好的讲故事方式是润物细无声地把故事融入沟通过程中，当我们需要激发人们的想象力并且鼓励他们积极参与到一些复杂的想法和战略中去时，这种方式显然更加有效。

故事把创意融入生活

我们能够用讲故事的方式栩栩如生地描述一件事情发生的来龙去脉。比如与企业高管分享一份部门 5 年计划，或者介绍一项能改变我们未来工作方式的新技术。我们同样可以用讲故事的方式将原本平凡的素材变成一个新颖的主题。比如通过讲故事的方式宣传安全意识，或者使用故事隐喻来宣传企业变革。

故事改变人们的观念

我们可以用故事来分享自己从过去的经历中总结出的经验教训。比如可能是某人有个好点子能为公司节省巨额资金；也可能是分享我们曾经搞砸的事以避免重蹈覆辙。当我们希望人们以他人的角度思考问题时，还是可以讲故事。比如，为了让员工对他们即将面临的挑战有更深的理解，可以从客户的角度给他们分享一个故事。

故事构建文化

我们可以通过讲故事使人们为了一个共同目标而积极投入。这可能是围绕着愿景讲故事从而把所有员工团结起来，或者通过分享故事将公司价值落到实处。

所有这些故事都没有必要多么复杂。这些故事当然不需要如史诗般传奇，最引人入胜的故事往往就在我们身边。

斯佳丽讲述罗恩的故事

老年护理可能是一项有意义的工作，但同时它也带来了一项艰巨的挑战，就是要和那些即将步入人生另一个新阶段的人一起工作。想到这点可能会使人们对这项工作望而生畏，进而导致护理人员和客户之间的沟通不畅。

斯佳丽在一个老年护理服务公司担任总经理，她意识到只有让员工对自己的实际工作内容有所了解，才能全身心投入从而为客户提供高质量的护理服务，从长远上来看也为自己的职业生涯带来回报。她原本可以制定一份冗长的清单列表，上面根据她希望员工如何对待顾客列出各种要求条款，以及员工们需要学习的自己应该做和不应该做的各种注意事项。但是，她并没有这样做，取而代之，她向大家分享了一个特殊客户的故事。

罗恩已经89岁了，他近期才从伦敦搬到女儿家附近安享晚年。他曾经是个体育新闻记者，虽然如今他的体力已不比当年，但罗恩仍然喜欢看电视上各种类型的体育节目，有时候他甚至为此熬夜至凌晨3点钟。罗恩还非常挑食，他早餐只吃两片吐司抹纯黄油，除了覆盆子甜酒以外拒绝一切饮品。

斯佳丽讲述了罗恩对于住进老年护理中心内心充满的恐惧，以及女儿同样为父亲担心的心情。而斯佳丽是以第一人称的口吻，也就是以罗恩的视角来将这个故事娓娓道来的。

员工一旦加入公司，就会看到这个简单的动画化的故事，之后他们会一起探讨"以人为本的护理"对罗恩意味着什么。他们还讨论了如何克服环境的限制,以有限的资源圆满完成工作。然后,围绕如何让罗恩在护理中心过得开心,大家进一步展开头脑风暴,共同出谋划策。

团结各个感官

　　罗恩的故事帮助护理中心的员工们从客户的角度了解自己的角色。通过分享自己父母的故事或者他们曾经护理过的其他人的故事,员工们彼此之间建立了联结。

　　所以为什么故事促成了这种类型的互动呢?因为一门心思地钻研备忘录和技术手册很少能够引发如此程度的互动投入。

　　在那个被称之为头骨的神奇骨洞中,存在着大脑。希望如此。而在大脑中则存在着布罗卡氏区(Broca's region)和韦尼克区(Wernicke's region),这两个区域负责加工语言并赋予词语含义。每当我们的沟通中充满了事实和逻辑时,这些区域就开始了一如往常的工作。

　　然而,讲故事改变了这一切。除了语言加工区域,故事还激活了我们大脑中的其他区域——那些与我们的感觉息息相关的区域。这是因为故事就像生活一样,充满了丰富的感官细节。

> 　　身体精疲力尽,还有一点垂头丧气的弗兰克瘫倒在他最喜欢的椅子里,极力把这糟糕的一天忘得一干二净。他长长地呼了一口气,然后伸手去够了一个拼盘,拼盘上面有一条新鲜的意大利拖鞋面包和一块刺鼻的蓝纹芝士。

　　蓝纹芝士。仅仅提到这个词,我们的脑海中似乎就能浮现出那令人生畏的"芳香"。但真正有意思的是,在阅读到这个词的那一瞬间,我们并非是在想象那个气味。实际上，我们的大脑做出的反应就好像我们真的吸了一大口臭气。

研究员胡利奥·冈萨雷斯（Julio González）和他的好友们发现，阅读与强烈气味相关的词汇（如"咖啡""蒜"或者"茉莉花"）能够刺激我们的主要嗅觉皮层产生兴奋。认知科学家维罗妮卡·鲍兰杰（Véronique Boulenger）发现，当人们听到像"巴勃罗踢球"这样的句子时，大脑中的运动皮层活动就会被激活。而这些并不是泛化的大脑皮层活动，被激活的大脑皮层区域与语句描述的具体身体部位有关。

埃默里大学的一项研究发现，当语句涉及与质地有关的比喻（比如"这个歌手有天鹅绒般的嗓音"或者"他有一双如同皮革般的手"）时，能够刺激我们的感官皮层发生反应。相反，具有相似含义的普通短语（比如"她有非常讨人喜欢的声音""他有一双强壮有力的手"）则不会产生这种反应。

这些研究都表明，我们的大脑会阅读或者聆听与我们的感官有关的故事和比喻，就像我们正在亲身体验它们一样。因此，这使充满了比喻和感官细节的沟通变得更吸引人，更令人难忘。

思维的会议

除了刺激我们的感官活动之外，讲故事的人和听众之间也萌生了好奇心。一个讲述精彩的故事能唤醒神经振荡（neural entrainment），这个词听起来可能像个科幻惊悚片，但它实际上是一种认知耦合，指的是听众的大脑活动与讲述者的大脑活动步调达成一致。

心理学家乌里·哈森（Uri Hasson）进行了一系列实验，结果表明，我们对故事的理解程度或与之产生的关联度越高，我们的大脑活动与讲述者的就越接近。这种一致性不仅限于大脑听觉和语言皮层区域的活动，它进入了更高阶的大脑活动领域——处理意义的部分。

为了证实他的研究结果，哈森将故事翻译成俄语，并向俄语使用者播放录音。如预期的一样，俄语使用者的大脑听觉皮层活动与英语使用者的不同，这反映了不同语言在词语方面的差异。然而，在更高阶的大脑区域中，俄语使用者的大脑活动与英语使用者的则完全一致。这是因为，无论是用什么语言讲述的，他们听到的故事都具有相同的意义，对他们都产生了相同的影响。

同时，哈森还发现，讲故事的人所构建的与听者的共享语境和共通点越多，听者的大脑活动与讲述者的就越接近。这就解释了为什么优秀的故事讲述者为了找出与听众的共通点，会在讲故事的过程中无意间与听众反复互动。

这种大脑之间的亲密关系带来了一个有趣的副产品，即我们更倾向于把别人的故事纳为己有。当我们听到了一个故事，第一反应是把它和我们自己的经历联系起来，因为大脑中被称为脑岛（insula）的那个部分被刺激了起来，而脑岛主要负责把记忆与情绪联系起来。当我们发现故事里有自己熟悉的部分时，那条分割记忆、故事和现实的界限就会变得越来越模糊。我们开始亲身经历这个故事，就好像它曾经发生在我们自己身上一般。

的确如此，如果你曾经给别人讲了一个故事，而几周后那个人又再把这个故事讲给了你，一个好故事还没开始就遭到了当头一棒。我们先不论这其中潜在的尴尬，它正好说明了讲故事对别人能起到多么强大的影响力。或许，这就是为什么那些很会讲故事的领导者都更善于建立融洽关系，并获得更多的支持和拥戴。

> **通过一个简单的故事，就可以让听众仿佛也与讲述者一样，同时拥有了这个创意或者信息，让听众更可能记住并采取行动。**

想象一下在你的工作中培养这种认知耦合的可能性。通过一个简单的故事，就可以让听众仿佛也与讲述者一样，同时拥有了这个创意或者信息，让听众更可能记住并采取行动，讲故事所达到的效果是把枯燥乏味的内容一味乱丢给听众这种方式所不能比拟的。这听起来似乎有点像思维控制，但是就像原子裂变带来的结果有好有坏那样，我们希望你能只将讲故事这一技能用在好的方面。

❝ 艾米莉与无名英雄

幸运的是，对于我们大多数人来说，职业生涯中遭受过最大的伤害可能莫过于被踩到脚趾或被挫伤了自尊心。然而在一些偶然状况下事情可能恰恰会向越来越糟的方向发展，而对于那些不幸的少数人来说，幸运的是公司会帮助他们重新振作起来继续向前，就像艾米莉所在的公司那样。

让我们诚实一点（因为：真实与透明），这不是一项多么令人向往的工作。这是一项事务繁杂且吃力不讨好的工作，然而对于做这项工作的人来说，它也能带来令人难以置信的回报。因为找到复杂问题的解决方法往往能使他们产生强烈的自豪感。

艾米莉是人力与文化部门经理，她曾经得到一份工作任务，是为其所在的企业开发一个振奋人心的雇主品牌，以此来吸引合适的人才加入公司。但是这份任务要求对公司的业务内容和工作情况都据实以告。然而，她所在的公司并没有桌上足球和室内滑梯，而是布满了一个个小隔间，认真的员工们在里面安静地埋头工作。而在这个安静的办公场所里，最嘈杂的声响恐怕就只是他们对工作成果相当满意时所发出的奇怪的苦笑声。

所以艾米莉选择大张旗鼓地给一些安静的人讲故事。这是一个对无名英雄发起的召集；她召集的不是蝙蝠侠，不是罗宾，而是阿尔弗雷德[1]和卢修斯·福克斯[2]。她并不是在寻找那种喜欢身披斗篷的大英雄，也不是那些嬉闹雀跃的热情积极分子；她要寻找的是那些在默默无闻的耕耘中做出一番成就的人。

她明确地知道哪种类型的人才适合在她的公司工作，而且她还直接和他们分享了一个简单的故事。

编织引人入胜的故事

艾米莉本可以准备一张清单，上面逻辑清晰地列出公司对候选人的各方面要求。毫无疑问，她的确这么做了。但她是以讲故事的方式来呈现这些信息的，这意味着潜在的候选人可以很容易地将自己置身于公司品牌之中，对日后的工作状况有一个更清楚的认识。

所以，如果事实证明讲故事比逻辑化方式具有更大影响力的话，那么为什么大多数的企业还在用大篇幅罗列事实的方式来传递信息，而很少用讲故事这种方式呢？在工作中当然不乏各种好素材去编织引人入胜的故事。然而事实是，我们得到的却是长篇累牍的清单，成百上千的Word文件以及PPT演示文稿中成千上万个要点信息的罗列。

我们承认，就像卫生纸一样，PPT演示文稿也有自己存在的价值。哦天啊，但它一直被人们滥用。我们并不是反对PPT演示文稿这个软件，而是人们对这个软件经常使用不当，使听众头昏脑涨。细节繁多的图表！大段大段的技术文本！人们有时候会说简直被PPT"搞死了"，但是与

---

[1] 译者注：《蝙蝠侠》中韦恩家族的管家，在韦恩夫妇被害后独自抚养布鲁斯·韦恩长大，是布鲁斯·韦恩最信任的人。
[2] 译者注：《蝙蝠侠》中韦恩集团的总裁兼技术总监，也是布鲁斯·韦恩最信任的人之一，帮助布鲁斯·韦恩开发蝙蝠侠的高科技装备。

那些每天都要求做汇报的企业相比，那简直仁慈多了。

幸运的是，我们几乎可以利用任何媒介来讲故事。它们可以是视觉的、听觉的、手写的或者是动觉的。你可以用视频、书籍、海报、传单、谈话、演讲、形意舞等方式——天啊，甚至是 PPT 演示文稿，如果用故事来取代那些枯燥的要点罗列的话就没问题。

一个引人入胜的故事当然不需要有多么复杂才能让人投入。最好的故事通常使用简单的语言和容易理解的架构。典型的故事大纲——从开始到一系列复杂情节发生，到达高潮再到最终解决方案——几个世纪以来一直保持不变。

塔夫茨大学的学生们经过研究，发现了迪士尼能讲好故事的神奇魔法，那就是迪士尼在几乎所有的故事中都用了相同的结构。回想一下你之前看过的动画片：以预期之中的情节开篇，剧情逐渐推向高潮，最后以幸福圆满作为结局（平心而论，和约会之夜没有什么不同）。

这种故事架构的原型被称为英雄旅程。这是一个扣人心弦的故事模板：一个可爱的英雄（最好是个失败者）感应到了冒险旅程的召唤，开始出发去探险，他克服了重重困难，与一个大反派进行殊死搏斗，最终赢得了胜利并达成了心愿（或者失败了，以苦乐参半的悲剧结尾）。

这样一个故事，我们似乎已经在无数的表演和应用中听过几百万次了。从神话故事传说到娱乐、政治、品牌建设，再到企业经营。从奖励和表彰活动到企业文化变革行动，英雄旅程给了我们一个理想的叙事结构，我们可以把它应用到这些企业活动中来。

克莱夫有一个贴心的创意

鼓励人们在创新中发挥积极作用可能是一个困难重重的工作。"胡萝卜加大棒"可以使人们慌乱地在短期内提供一些想法和创新点子,但这之后,人们又不可避免地失去了兴趣并像往常一样重新投入原来的工作中去。唐是一个制造厂的健康与安全部门高级经理,他尝试了一种不同的方法来解决问题。在搜集那些在解决员工安全问题上表现非凡的人的故事时,他偶然发现了这样一个故事:

> 克莱夫已经被工作中遇到的一个问题搞得精疲力尽。在他的工作中,需要拎起一大袋子糖,把它们装进箱子里。但是因为这个袋子由一个人来拎实在太重了,克莱夫不得不等待其他人来帮忙。他已经使出浑身解数试过很多次了,再这样下去就要造成工伤了。
>
> 而后克莱夫有了个主意:用更小、更轻的糖袋。他简直太聪明了!
>
> 他浏览了一些适合的渠道并提出了他的计划。所有人都对他的想法表示赞同,而后克莱夫的想法迅速得到了实施。

唐把这个故事改编成了简单的一页漫画,并把它发布在了企业员工杂志中。克莱夫的故事是一个完美案例,它表明每个人都可以为企业安全文化做出贡献,唐鼓励其他人继续关注并分享类似的故事。

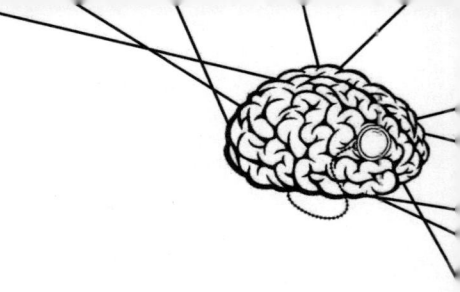

如何说……
讲故事

建议 14：分享扣人心弦的故事

让我们在沟通中加入一些故事。用故事来说明企业活动、计划、品牌，它们可能是宏大的、包罗万象的。而针对那些一次性的活动，也可以说些精巧的小故事。

不谈故事的范围，只是单纯为了分享引人入胜的故事，我们可以：

- 保持故事的简单性。我们要找到的是一个独特的想法或主题，由它们能够发散出丰富多彩的故事细节，而这些细节会根据传播媒介的变化而变化。
- 建立故事与我们的企业目标和/或品牌之间的联系，从而增强愿景和价值的传达效果，还能引发听众的情感共鸣，并且帮助企业实现目标。
- 设定情境。特定情境的设置能够使听众将自己投射于故事中，从而使故事对倾听者来说更有吸引力和影响力。
- 善用框架。依托故事架构讲述故事。
- 在故事中应用丰富的感官细节以及比喻手法。比如在故事中描述事物的样子、触感、声音、气味以及味道等，从而激发我们的感觉，使我们的故事更丰满、更引人入胜。
- 在学习的过程中使用讲故事的方式，以帮助学习者从不同的角度去认识问题。

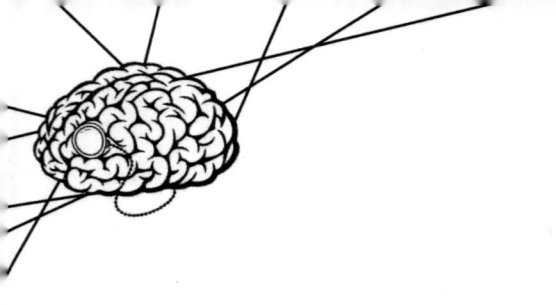

建议 15：视觉化地讲故事

虽然我们可以通过任何传播媒介来讲故事，但是我们仍然倡导视觉化的分享方式。它将讲故事的优势（具有情感和影响力）和视觉化内容的优点（容易和快速地理解）结合起来。

为了视觉化地讲故事，我们可以：

- 使用视频。视频具有从视觉和听觉角度感染我们的双重优点。从动画到电影，我们可以通过视频以多种不同的形式来讲述内涵丰富的故事。动画（比如漫画视频）不需要很多的语言描述，从而避免了一些敏感内容。相反，真人视频可以同时将真实和虚构的故事内容结合起来。
- 使用漫画。这种视觉化叙事手段让我们能够创建超现实场景和人物角色。为了证明观点，我们可以用夸张的方式进行表达，同时不用通过真人演绎或者调用库存图片，就可以创造完美的人物角色。这种非文字的传播形式能够使人们更轻而易举地将自己投入到故事中去。这种方式同样会更少地面对敏感情况（想一想华纳兄弟动画片中的人物所做的事情）。
- 使用模因。这种传播媒介之所以流行，是源自它们在单一框架中讲述故事的方式。当我们面临很短的时限，甚至是更短的注意力持续时间时，模因可以成为我们分享故事的理想方法。

情绪
情绪化的逻辑悖论

也许那些最令人感到困惑的、美好的、生气的、兴奋的、疯狂的、幽默的，偶尔彻头彻尾的沮丧心情，都是我们生而为人的一部分，这些就是我们的情绪。是啊，每天都经历人生的高潮和低谷，经历惊险而无法预测的起起伏伏，我们的心情就像坐过山车一样。

在20世纪的大部分时间里，我们都被强烈要求不要把情绪带出家门。8小时工作的无情绪状态，堪称情绪的沙漠。该死，你是去上班做事的！大家普遍认为，如果没有逻辑、缺乏理性地发泄情绪，就会让大家一天都闷闷不乐，那么谁还能做出明智的决定呢。

所幸在某些工作场合这些信条已经有所改变，在一些反应较慢的公司中这些想法也正在发生改变。很多研究已经表明，我们之中的那些情绪达人其实早已从直觉上认识到了一个道理：只要管理得当，情绪在工作场所中是积极有益的。实际上，情绪的作用不止有益而已。如果将情绪很好地渗透融入到工作中去，那么它们将成为我们学习和行为养成的强大内在驱动力。

情绪是我们传递信息的镜头

最有力量的信息往往是带有情绪的——擒脑先攻心。我们的沟通交流应该考虑到对方的感受,同时提供他们所需要的信息。让我们抛弃那些了无生气的且毫无情绪的语言,拥抱接纳所有的感受吧!

情绪是行为的先兆

我们可以用积极的或消极的情绪去影响行为。我们的注意力往往更集中于负面事物,这是由我们的生存本能决定的,所以我们在传递信息时很容易带有消极情绪。但是容易并不意味着更好。正是积极的情绪驱动了好奇心、学习、回忆以及促成长期的行为改变。因此就影响力而言,相比于负面情绪,正面积极的情绪往往具有更强的作用。

情绪建立联结

无论喜欢与否,在我们的工作往来中都充满了人,只要有人的地方就会产生各种情绪,因此从这个逻辑上来讲,在工作中我们就更需要采取妥善的方式处理情绪。我们如何管理自己和他人的情绪,这一点对于彼此建立更好的关系是至关重要的。

语言和感觉之间有趣的关系

让我们以一些不那么让人舒服的东西(你的头骨)为开端,给你一个精神上的刺激。

情绪在我们大脑的杏仁体中产生,通过神经通路网络传递到大脑边缘系统,从而进入新皮层,感知、推理、思考和学习等一系列活动在那里产生。这些情绪在大脑中传递并提示我们的身体该如何做出相应的反应。愤怒使我们争斗,幸福让我们微笑。不过在大多数情况下,在对情绪做出回应之前，我们还有机会去反思一下我们的感受（这也是一件好事，因为当我们不加思索急于行动时常常会犯一些愚蠢的错误）。

一直到最近，情绪都还是一个争论不休的领域，并鲜有结论。你如何用言语表达无形的、复杂的、高度个人化的和难以定义的感受？先进的大脑成像技术则为我们提供一种不易产生判断失误的洞察方式。借助于该技术的相关研究同时揭示了语言和情感之间有趣的关系。

让我们从一个问题开始：语言还是感觉，是哪一个先产生的？哦！这是我们经常说的"先有鸡还是先有蛋"的问题。我们将使用老套的，但经过无数次实践证明的建构主义方法来回答这一问题：语言有助于建构情绪。

各种研究表明，当我们正在经历一种情绪时，就算当时我们并没有使用语言去表达感受，我们大脑中的语言区域也会被激活。这个结论表明，语言不只是把我们的感受转化成了词语；它实际上帮助我们构建了情绪。

越来越多的证据表明，通过使用语言重新分类我们的情绪状态，可以有意识地改变我们经历的情绪的强度、意义和表达。在心理学中，这被称为重新评价。

让我们想象一下，现在我们站在跳水台上，全身瑟瑟发抖，因恐惧而全身瘫软。而我们可以把这种感觉从"恐惧"重新归类为"兴奋"。神经影像显示，当这样重新归类时，我们的腹外侧和背内侧的前额叶皮质——这些与语义知识和检索相关的区域——相应产生了活动。对于我们普通人来说，语言正在改变我们的情感。

> 我们将使用老套的，但经过无数次实践证明的建构主义方法来回答这一问题：语言有助于建构情绪。

同样，我们可以通过识别情绪来简单地达到调节情绪的目的。为了识别情绪，我们可以使用另一种心理学技术——情感标签。

心理学家詹姆斯·W·佩内贝克（James W. Pennebaker）和马修·利伯曼（Matthew Lieberman）以及他们的同事们做了一项研究，他们向研究参与者们展示一系列表达强烈情绪的面部表情图像。通过使用功能磁共振成像技术，他们观察到这些图像在被试的大脑杏仁体中引发了强烈反应，而杏仁体区域是一种与情绪有关的区域——特别是恐惧。有趣的是，虽然如此，但当他们要求被试给情绪命名时，杏核体中的活动减弱了，而前额叶皮质的活动增强了，而这正是警惕和歧视情绪发生的区域。由此可见，给情绪贴标签所产生的大脑变化，就好像让被试看到的照片变成了学术审查对象，这样就不再使他们产生恐惧感了。

当然了，如果你经常进行正念训练，那么你现在可能正在翻白眼。情感标签的概念当然不仅限于心理学，它也绝对不是一个新概念。它有许多众所周知的名字，在很多技术中其实都应用了这一基本原理。

在许多形式的正念训练中，练习者们会用一个词来标记他们的心理状态。仅仅是观察感情、感觉和情绪，而不用对它们做任何评论和判断，也不试图去改变或消灭它们。一点也不用感到惊讶，这些形式的正念训练所产生的大脑活动与情绪标签试验产生的结果完全一致。

无论是正念、心理学、接纳与承诺疗法还是日记，或只是简单地告诉孩子："用你自己的语言！"事实证明，记录或谈论情绪有助于降低情绪的强度，同时还能减少焦虑。

==感到快乐吗？想要感到更加快乐吗？充满激情地吼一声："太他妈棒了！"然后享受发泄带来的极度快感吧。==

从更加浅薄的层面来说，咒骂不仅有效表达了情感，而且还放大了它们。是的，用肮脏的形容词进行口头发泄，实际上可以增强情感。感到快乐吗？想要感到更加快乐吗？充满激情地吼一声："太他妈棒了！"然后享受发泄带来的极度快感吧。

拿走不谢。

利亚姆帮助他的团队管理情绪

让我们深入销售前线,来看看全世界最大的食品和饮料公司的现场销售团队的工作。这是一个多元化的团队,他们负责向各种商店输送产品,布置销售点的产品陈列,以及安排库存等重要的工作。

利亚姆知道现场销售是一项压力很大的工作。工作人员们经常只身投入未知的环境中,面临交通、码头、零售商和公众等问题——他们总是分秒必争。这是一份前一秒可能还无所事事,后一秒就忙得不可开交的工作,这使得他们要保持警惕并随时做好准备。

对于现场销售团队而言,保持身体上和精神上的安全决定了他们是否能够在紧急时刻做出明智判断。安全与不安全结果之间的差别往往是由关注度决定的。

现有的现场销售入门材料起到了一定作用,但是利亚姆知道,在帮助引导新员工安全有效地工作方面,入门材料还可以发挥更好的作用。因此,他开始了修整材料的过程。

他把现场销售指南设计成一个每天都可以使用的日志——而不是阅后即弃的教学手册——来帮助员工处理由工作导致的情绪过山车问题。日志里除了包含实操内容外,还有正念信息、技术、不良情绪诱因和活动,来帮助现场销售团队保持专注——并保持安全。

通过考虑工作带来的情绪影响,利亚姆设计了一个入职指导计划和独特的附属活动。它在内容、传递方式和建立以同理心为基础的关系等方面都与众不同,是一个能够脱颖而出的杰出计划。它是建立一切良好工作关系的基础。

消极的诱惑力 vs 积极的力量

除了能够在感情上支持团队,我们同样也能够运用情绪去鼓励他们学习和改变行为。

为了弄清楚情绪是如何有效地促进行为的,我们仅需要看一看广告行业。这些做广告的家伙已经控制这个情绪游戏有几十年了。是的,他们发现玩转观众的情绪是掏空他们钱袋的一个好方法。

神经科学家安东尼奥·达马西奥(Antonio Damasio)证实,在做决策方面,情感和情绪总是支配着人们的认知。使用功能磁共振成像扫描我们的大脑后发现,在评估一则广告时,消费者首先在情感上做出反应,这证明了我们是情感生物,我们受到情感的影响远远超过事实。

想一想那些令人大跌眼镜的购物决策(我正在看着你,那条根本没必要买的霓虹色短裤),但当我们发现消费通常没有什么逻辑可言时,还是多少能感受到宽慰。我们从情感上决定购买,而后为了证明购买决策的正确合理性,进而去搜索它的功能特点、好处和其他情况(特别是对于那些愚蠢的、轻浮的和荧光色的东西)。

所以,相比之下,某些情绪具有更强大的效力吗?

哦,是的,正是因为我们知道再怎么小心翼翼都不可能减轻疼痛,因此,长痛不如短痛,我们不如快速地将创可贴撕扯下来。一般来讲,我们就是这种具有消极倾向的可怕生物。[畏缩]

在心理学上,这被称为"消极偏见"。如果我们受到两种相同强度的刺激,那么在受到刺激的瞬间,相比于中立或积极的刺激,消极刺激对我们的影响作用更大。这种偏见存在于注意力、决策、学习和记忆中。

从人类进化的角度来看,消极偏见的存在是有意义的。恐惧是一种有助于人类生存的有用情绪,特别是在引导注意力方面。我们会倾向于根据自己的经验判断可能具有威胁性的事物——强大的噪声、暴力、令人不悦的图像,以及意图不友善的生物——这源自最基本的生存渴望。

自然而然，我们对某事投入的关注度越多，我们就越有可能学习和记住它。这种倾向于回忆消极经验的自虐天性，甚至导致我们往往低估了生活工作中正面积极经验的发生频率。神经心理学家里克·汉森（Rick Hanson）对这种天性进行了恰到好处的总结："对我们的大脑来说，消极的情绪就像魔术贴，而积极的情绪就像特氟龙[1]。"

　　因此，我们对于电视节目中的灾难情节情有独钟也就不足为奇了。比如，在最喜欢的电视剧集中，我们最爱的角色"领便当"的那场戏，一定是不容错过的。除此之外，长期以来，我们观看一切时事节目的根本原因，显然同样是因为我们热衷于成为坏消息的传递者（和接收者）。这真的很不幸，因为相比于好消息，坏消息更容易影响我们的态度，消极情绪也比积极情绪更容易传染。据估计，我们需要用 5 次良好的互动才能弥补 1 次不好的互动体验。因此，这就难怪为什么在工作场合里很难维持士气了。

　　这是一颗毒瘤，恶性循环，朋友们！我们应该彻底摧毁人类与消极情绪的这种病态关系，而不能让它永远地控制我们的大脑。自出生起，我们的大脑就被设定为如此的默认状态，但即使这样也并不意味着它就是积极有益的。产生消极情绪很简单，但并没有效果。

　　消极情绪可能对我们产生潜移默化的影响，但正如我们在"惊讶！"一章中讲述"震惊"宣传活动时所发现的那样，这些消极情绪在改善人们的行为方面并不是特别有效。但这并不意味着它们不能改变人们的行为；经历消极事件或者害怕失败都有可能改变我们，但是积极的情绪能使我们拥有更好的和更适宜的思维模式。

　　最有效的学习，最进步的思想，最明智的决断，最强的从挫折中恢复的能力——当我们充满好奇心并饱含积极情绪地面对工作和任务时，这些正面结果都将发生在我们身上。

---

1 译者注：特氟龙，聚四氟乙烯，又称"塑料王"，是一种不粘涂料。经常用于不粘锅涂层。

幸福研究员肖恩·埃科尔（Shawn Achor）搜集了10年的数据后发现，一个积极的头脑的表现明显优于一个消极、中立或者充满压力的大脑。他的研究结论同样适用于智力、精力、适应能力、人们对一个项目的投入时间、开放的态度、关系网数量，以及健康状况等方面。

> 这种倾向于回忆消极经验的自虐天性，甚至导致我们往往低估了生活工作中正面积极经验的发生频率。

在美国科学促进会进行的一项研究中，他们给44名医生分发了假设患者档案，其中包含来自另一家医院的误诊，并要求他们正确诊断疾病。其中，一半的医生提前收到医学期刊以供他们进行查阅。而另一半医生收到的则是一大袋糖果，研究机构对他们的参与表示感谢。结果呢？做好积极情绪准备的被试组以2倍的速度做出了正确诊断，并且在得出结论时表现出了3倍的智力灵活性。由此可见，糖果和心满意足合力战胜了知识本身。

这是为什么呢？好，请记住我们的身体反应是伴随着情绪而来的。我们在前文提到愤怒情绪使我们做好了争斗的准备，如果我们被抢劫了，这种反应是再恰当不过的，但是，在工作场合这种反应就不是特别有效了。愤怒以及其他消极情绪几乎无益于我们进行有效的合作。相反，正面积极的情绪能够激发好奇心和创造力，有助于建立关系，促进活泼快乐的工作状态，提高热情和适应力。当我们要提高绩效和促进积极的行为改变时，以上这些都是非常有用的。

佐拉与兰迪倡导关怀、勇气与自豪

一般来讲，在建筑业，有关安全的沟通并不是让人感觉良好的事情。固有危险意味着我们在传达信息时会倾向于特别关注那些与某些特定行为相关的风险：不要这样做，否则会发生意外。虽然经过多年努力去完善系统、程序和流程，公司仍然没有看到预想的成果。HSE集团经理佐拉和集团组织发展经理兰迪决定采取不同的方法去解决这一问题。

在关于安全的沟通的信息传递过程中，他们想把消极情绪和坏消息从中去除，并建立正面积极的企业安全文化氛围。在他们的"构筑安全伟业"计划中，将关怀、勇气和自豪的情绪作为行为改变的催化剂，并且最终达到改变企业文化的目标。

关怀倡导人们去互相关心，理解他人的需求，并且足够用心地做好工作，以确保一天工作结束后每个人都能安安全全回家去。

勇气意味着要敢于去提问题，去据理力争，而且当发现事情不太对时要勇敢地去阻止。

自豪代表不仅要按时按预算完成工作，更要没有任何意外地漂亮完成。

该计划旨在通过让更多的人参与到更加人性化的互动中去，提高人们对安全背后的"为什么"的认识。为了实现"构筑安全伟业"这一计划，他们举办了各种培训、工具箱讲座、现场活动、挑战赛并采用了传统沟通渠道等。

该计划如此行之有效，主要是因为他们不仅就安全谈安全，而是把安全问题推到传统的体系、程序、流程以及负面信息传递的常用路径之外，并使之回归到人性化的解决方案上来。

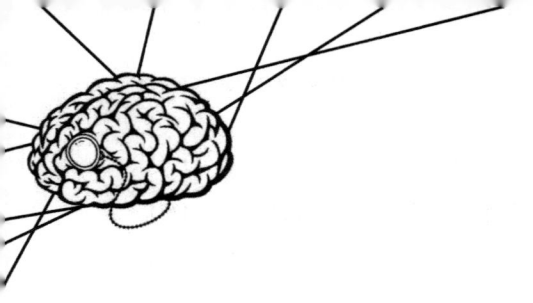

如何说……
情绪

建议 16：以情绪为导向

情绪是不可避免的，但这并不意味着我们不能影响情绪。我们能够在工作中运用沟通去培养并调节情绪。以情绪为导向意味着通过采用移情和设计体验的方式来支持人们的情绪过程。人们可能很难记住我们的语言，但他们很少会忘记对我们的感受。

以情绪为导向，我们可以：

- 使人们去感受。在我们所要传递的信息背后应该存在着一个驱动情绪。
- 使用比喻和故事去唤起情绪。事实、数据和一些细节等都可以作为支撑。
- 在沟通中融入正念技巧与信息。这使人们有机会理解和管理自己的情绪。
- 鼓励人们以正确的方式去谈论自己的情绪，而不是营造一种每个人一旦步入工作场所就开始假装毫无情绪的氛围。
- 唤起正面积极的情绪。这是好奇心、学习和行为改变的内在动力。

幽默
搞笑，我们是认真的

或许，提出在工作场合要有幽默感是导致一场严肃谈话的最大始作俑者。是呀，这简直是太讽刺了，没有什么比想到他人在大笑更能让某些人板起面孔的了。

我们理解他们在害怕什么。他们可能感觉幽默就像是一场巨大的冒险，特别是在进行一个严肃或敏感话题的时候。人们担心轻视或者取笑的情况发生，这同有趣相去甚远。潜在的侮辱的幽灵隐约可见。还有一种情理之中的恐惧，就是担心笑话没有达到预期效果。我们都曾经或多或少看到过幽默被搞砸的场面。最后的结果都不太好看。

让我们缓解一下那些恐惧。在一种情境中看到其中富含的幽默，与轻视其所试图表达的信息内容，这两者之间存在着微妙却很明确的差别。喜剧演员每次走上舞台的时候，就开始小心翼翼地游走在那条微妙的界线上。这种情况在广告中也很常见，并且非常有效。我们都应该相信共情能够帮助我们确定什么是有趣的，什么是恰到好处的。

但是，我们为什么要冒这个险呢？

一项由沃顿商学院、麻省理工学院和伦敦商学院进行的研究证明，笑可以缓解压力和倦怠，消除紧张和消极情绪，提高参与投入度，促进健康和积极情绪，激发创造力，建立关系，促进合作，增强动力，提高士气，帮助学习，磨炼精准分析能力和提高生产力。[喘口气]太棒了！——应有尽有。

很多企业都能够把幽默完美自如地应用到市场营销、广告宣传以及与顾客和客户的沟通中去。这都生动地反映了现实，不是吗？显而易见，大家已经认识到幽默能够有效建立关系，然而他们却普遍羞于在与自己的员工沟通的过程中使用幽默感。

幽默引发惊讶并抓住我们的注意力

因为在工作场合中常常缺少幽默，因此策略性地使用幽默能够迅速获取他人的注意力。幽默感能使日常沟通更卓越并让人记忆深刻。它能使我们立刻停下手头工作并投入关注。

幽默建立信任和影响力

研究表明，能够真正应用幽默的领导往往能够获得更多爱戴。幽默感使我们更可爱，随之而来的就是获得更多的信任。即使一个最愤世嫉俗的人，面对一个好的笑话也能挤出一个吝啬的哼声。正因如此，幽默是影响力的巨大驱动力。

幽默建立关系……和文化

说大话，嗯？不过，也不应该太过震惊了。幽默感是人类的天性，每当我们被逗乐时，都会释放出令人产生快感的化学物质。笑同样也被证明对建立融洽关系非常重要。因为良好的关系是有效合作的基础，同时也是奠定强大文化的基石，由此我们就有令人信服的理由去追求欢声笑语了。

有趣的万能吸引力

幽默是一种全脑运动：大脑边缘系统、大脑皮层、枕叶、杏仁体和海马体都被调动了起来。这些区域与语言、意义、情绪反应、动机和行为都息息相关。

我们对幽默产生的生理反应是笑。幽默能刺激血清素的产生，从而使我们产生快感，并刺激分泌内啡肽，它是我们天然的兴奋剂。这就是为什么我们喜欢被逗乐；这就是为什么我们喜欢笑。笑是如此强大，它甚至可以轻而易举地覆盖其他情绪，包括焦虑和恐惧。

研究者们同样相信笑有社交功能——对建立和加强关系非常必要。因此在广告、市场推广和销售行为中经常使用幽默也就绝非巧合了。我们更愿意从自己喜欢的人那里购买商品，或者更倾向于购买自己喜欢的品牌，因为笑构建了这种融洽关系。关注度、可爱度、共享度——这是那些行业建立的基础，而幽默正好满足了所有要求。

当谈及是什么让我们发笑的时候，普遍有三种理论来回答这一问题。

乖讹论（incongruity theory），它认为幽默来自意料之外给我们带来的惊讶感。我们基于逻辑或以往的经验来预测一个特定的结论，但是不可预见的转折迫使我们同时经历两种不相容的思想和情绪。例如，在鱼缸里有两条鱼。其中一条鱼对另一条说道："你知道怎么驾驶这玩意儿吗？"[1]

优越论（superiority theory），它指的是笑话中以取笑某人/某事的愚蠢、错误或不走运来作为笑点。这种幽默之所以使人发笑，通常是因为我们相信自身存在优越感。在漫画中经常使用这种风格的笑话，以不断侮辱与英雄处于对立面的愚蠢的敌人来使人发笑。

释放论（relief theory），这一理论解释了幽默是如何帮助我们舒

---

[1] 译者注：水柜和坦克在英文中都是 tank，在这里使用英文 tank 的两个含义制造幽默感。

缓紧张感的。这种类型的幽默经常运用在电影中。在影片悬念还没有铺垫完成之前，往往以一个机智的小笑料先暂时缓解一下紧张气氛。

我们更愿意从自己喜欢的人那里购买商品，或者更倾向于购买自己喜欢的品牌，因为笑构建了这种融洽关系。

有些幽默类型往往受到广泛欢迎，包括圈子笑话、闹剧[1]以及任何涉及一类人基本相似点的笑话（请读作：厕所幽默[2]）。相反，那些带有曲高和寡、讽刺、挖苦性质的笑话，以及饱含双关语、文字游戏和微妙语言的笑话，接受度都不是很高。而那些包含政治、宗教、种族或文化相关刻板印象的笑话，就更不受欢迎了。

但这并不是说幽默就不能来点重口味。

市场营销和心理学教授彼得·麦格劳（Peter McGraw）的良性冲突理论（benign violation theory）表明，当我们发现错误、不安或威胁，但同时我们又感觉还可以、能接受或还处于安全范围内时，幽默就会产生。正是这两方矛盾元素的平衡，才使一个笑话变得有趣且恰如其分。如果天平倾向一方，笑话就会变得令人反感。而如果倾向另一方，笑话又不够锋利。

因此，在工作沟通中该如何融入幽默呢？假想我们围坐在一团篝火旁，让你的老朋友来给你讲一个关于利亚姆和他勇敢的现场销售队伍的故事吧。

---

1 译者注：又称棍棒喜剧，出自美国 20 世纪初期，是当时喜剧默片的主要形式。本身指代用夸张的肢体动作进行表演。例如，周星驰的电影《功夫》为现代棍棒喜剧的典型代表。
2 译者注：厕所幽默多与屎尿屁有关，这种幽默深受美国人民喜爱。

❝ 利亚姆笑对逆境

上一章我们刚刚讲述了利亚姆和他的"现场销售指南"的故事，他使用了正念方法来保证员工们的工作安全。情绪培养是利亚姆的入职培训经验中很重要的一部分，但他的聪明之处却不仅限于情绪培养。

他用"现场销售指南"取代了传统的入职指导手册（那种你常常能够看到的样式：细节繁冗却没什么用处），把它做成一本人们真正愿意去阅读的手册。利亚姆希望他的现场销售团队能随时随地把这本手册带在身边。

他的解决策略是把手册化繁为简，去掉细枝末节，只保留最重要的部分，把内容进行视觉化呈现，因此母语非英语的员工也同样能够有兴趣阅读。它将内容整合到一个为期12个月的正念期刊中，其中包括大量的规划版面和有趣信息，使人们有兴趣持续阅读下去。

"现场销售指南"的幽默素材均来自现场销售团队的实际工作状况，他们经常工作在公路上、在自然环境中（比喻手法）、在野外[1]（从某种程度上来说是真实情况）。从传统上来说，"现场销售指南"是一个对销售现场环境进行详细说明的插图手册，一般是用来指导人们如何应对现场状况的。

指南中使用的插画无疑是以挖苦的方式——将野外元素（想一想：熊）融入典型的城市销售情境中，并且将现场销售团队描绘成身穿法兰绒的强壮粗犷的丛林中人。在"现场销售指南"中，写作风格回归到原始状态，普遍以直截了当的方式和就事论事的口吻进行叙述。以对话的（通常是顽皮的）方式进行写作使"指南"读起来轻松有趣。

---

[1] 译者注：原文为 field，在英语中有"野外"和"现场"的双重意义，在这个案例中为双关。

利亚姆的"现场销售指南"和他当初期望的一样有效。在新员工的阅读反馈中,他们纷纷表达了自己是如何被指南吸引,并产生兴趣一页一页地读下去的,他们在翻阅的过程中学到了很多知识。指南所达到的效果是无与伦比的,它成为员工做好准备迈进实际工作和融入现场销售文化的第一步。利亚姆证明了幽默不需要太过夸张或放声大笑。一个解嘲的微笑足矣。

幽默的风险

"现场销售指南"之所以有效是因为它恰到好处的幽默方式。其中描述的情景都很荒谬,但都是基于一些现场销售的常见情境而设定的,现场销售人员们能够将这些情境与自身经历联系起来,并且心领神会、笑作一团(请回忆乖讹论和释放论)。最重要的是,幽默使内容更加有趣。它能够吸引人们的注意力并使他们不得不继续阅读下去。最终,它帮助利亚姆实现了提高现场销售团队的工作表现这一目标。

不幸的是,纵然有些像利亚姆这样的领导拥有足够的魄力把幽默带进工作中,然而出于一些潜在的利害关系,在许多工作场合中仍然缺乏幽默。盖洛普公司一项最近的研究数据表明,我们在工作时间里笑的次数比在周末里要少得多。埃里克·提斯林(Eric Tsytsylin)在一项研究中将工作中的成年人们描述为笑声旱地。婴儿们一天平均笑400次。然而到了35岁以后,我们每天笑的次数幸运地突破了15次大关。显而易见,工作已然变成了一项严肃的事业。

既然幽默有这么多好处,但为什么还有这么多的企业仍然缺乏幽默呢?

因为一个词:风险。

阻止有效使用幽默的主要障碍是它的主观性、语境化,以及文化特定性。如果我们不能把笑话同以上任何一点联系上，那么它对我们来说就一点也不好笑。更糟的是，虽然我们确实找到了联系性，但是如果我们认为笑话是没品的或者感觉被捉弄了，我们就会非常生气。因此选择恰如其分的幽默形式去感染每一个人确实是个挑战，特别是在大范围或全球推广的情况下。

我们之所以认为某事有趣，在众多影响因素中，文化的影响非常显著，但是年龄作用也不容小觑。

> **阻止有效使用幽默的主要障碍是它的主观性、语境化，以及文化特定性。**

在我们还是婴儿或者孩童时，我们处于一个善于发现的时期。在这个时期，我们发现这个世界上有着无穷无尽的能引发我们产生不可思议、大惊小怪、喜不自禁等情感的事物。这就是年轻人往往觉得人体生理功能是如此有趣的原因之一。

一旦步入青少年阶段，我们就进入了最尴尬和最没有安全感的状态。我们觉得性、美食、权威人物是有趣的，还有那些被成年人归类为禁忌的一切事物。我们倾向于用幽默作为保护色，并不断试图去证明自己的优越感。

随着我们渐渐老去，我们的幽默感发生了变化。别误会我的意思，虽然我们还总是被一个屁逗笑，但总的来说，我们的幽默感变得更加理性了。我们被一些日常经历的压力和尴尬逗乐。来自办公室的钩心斗角、家庭和工作的压力——如果我们不用笑来面对这些压力，那么我们可能就该哭了。幽默是我们的应对机制之一（请回忆：*释放论*）。

在我们的企业中，员工年龄层可能最多跨越了5个世代，这就需要认识到世代间的差异性和相似性，才能保证我们的幽默正中靶心。

最后，虽然幽默能够迅速博取关注，却并不能对习惯化免疫（请查看前几章内容）。如果我们一遍又一遍地反复讲述同一个笑话，那么听众很快就会对此置若罔闻，就像当爷爷滔滔不绝地向我们讲起年轻时的故事时，我们的反应……

没错，你懂的。

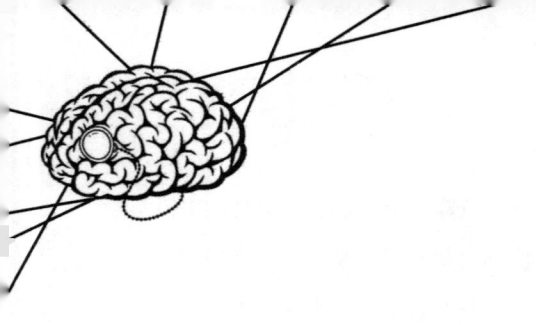

如何说……
幽默

建议 17：找到恰当的幽默类型

对于幽默来说，的确就只有一个目标：有趣。但是如何确保我们的幽默达到此效果呢？

为了找到恰当的幽默类型，我们可以：

- 寻找共性。最好的笑话是与每个人都息息相关的，能够把人们都联结到一起。我们需要寻找到那些有代表性的压力源和情境，把它们变成使人发笑的素材，从而针对某一问题达到舒压和减轻焦虑的效果。
- 使用不同类型的幽默去吸引不同的群体。这个群体可能是以年龄、角色地位或地理范围来划分的。群体规模越小，越容易以相同类型的幽默吸引其中每一个人。
- 竭力超越平凡——做到绝顶荒谬。寻找一种情境或角色的最极端版本。做到彻头彻尾的不切实际，以免玩笑开得过于真实或有戳及痛处的风险。出于这个原因，闹剧的效果非常好。

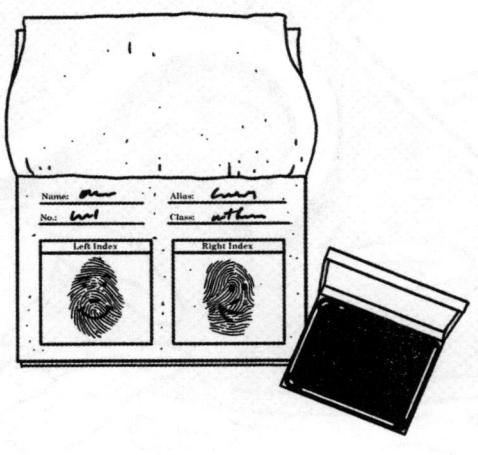

警惕……
错综复杂的复杂性

你有没有见过哪个三岁小孩对物理学的书感兴趣（用它来拍蚂蚁不算数）？你有没有发现过哪个一线员工在午休时间废寝忘食地钻研公司政策手册？你有没有目睹过满屋子的人疯狂沉迷于一个500页PPT演示文稿的技术汇报这种场景？

没错，我们根本没有一点可能来通过如此复杂的沟通方式去吸引和影响他人。我们拼尽全力也只不过是得到一些注意力罢了。

而这就是我们所面临的挑战。当然了，任何人都能把一个原本就激动人心的题材变得更加扣人心弦，然而真正的挑战来自如何能够把极度乏味和复杂的内容变得通俗易懂且引人入胜。

所幸，没有什么事情是不能变得有趣的，也没有什么事情是不能化繁为简的；这一切仅仅取决于观念的改变。

复杂不是敌人

想象一下功能多到令人眼花缭乱的瑞士军刀，与此同时也请你接受我们的挑战，尝试一下不要想到"准备好"这个词。从瑞士军刀原始野性的外形到凶悍的功能，都代表着你现在就可以带着它深入荒野，因为再也没有什么比携带这个由塑料和钢铁制成的小东西更适合野外生存的了。带着它，就相当于自豪地宣布自己已经准备好应对任何野外生物的攻击了……而如果你携带的是家用款式刀具，它除了能在公园野餐时派上点用场外，也没有什么别的用武之地了。

的确，对于我们大多数人来说，"准备好"就是一种保证这么简单：它确保在我们口舌生烟的危急关头，没有什么瓶子是这把刀不能打开的。其实，除了切割奶酪和小东西外，瑞士军刀真正让我们惊叹的地方在于：它不可思议地以某种方式将 87 个工具和 141 种独特功能塞进一个小小的长方体中，而且它竟然小到可以揣进口袋。

它的体积如此小巧，以至于我们二话不说就会把它带在身上，因为它的繁多功能绝对值得随身携带。瑞士军刀就是"准备好"的充分体现和精简的完美化身：通过聪明的设计，将复杂的功能隐藏在简约的外表之下。

从苹果手机到地铁导航，从谷歌搜索到我们的大脑，当事物经过了完美的设计，我们就会不断地低估它们的绝对复杂性。我们很容易假设一切看起来简单的事物实际上也是简单的，因为其复杂性被隐藏在一系列成功的解决方案背后了。

==而幸运的是，复杂性并不一定是令人困惑的。复杂性当然也可以是具有吸引力的。== 随着公司业务变得越来越错综复杂，解决复杂问题的重要性已然升级。这就注定了领导者们要将复杂的的创意、信息、流程、政策和战略开发成更具有吸引力的体验和沟通方式。在这个过程中，我们需要一头扎进去，勇往直前地去钻研这种复杂性，进而再去寻找实现"精于心，简于形"的方法。这正是其中的趣味所在。

从定义上来看，简单是复杂的反义词，但是我们必须彻底消除这种非此即彼的观念。我们不应该把简单仅仅看作是一个做减法的过程。这两种主张在处理问题上都未免太过于简单化了。

这个世界是复杂的。人类是复杂的。生活是复杂的。工作也是复杂的。我们每天都与人、事、物存在的固有的复杂性打交道。如果我们妄想只是通过去除细枝末节，就应该——或者能够——解决问题的复杂性，那么这种想法就未免太过天真了。这不是简约，而是简单。仅仅删除细节，就会剥夺使事物变得有趣的丰富多样性，以及辅助事物发挥作用的特征。

哎呀，化繁为简甚至不应该是我们在这里试图去解决的问题。

对啊，我们的目标应该是解决关注度、投入度和影响力的问题——创造不同。实际上，使事情变得妙趣横生、引人入胜、令人愉悦、有影响力、鼓舞人心、信息丰富和清晰明确的真正挑战并不是复杂性……

而是困惑。

而幸运的是，复杂性并不一定是令人困惑的。复杂性当然也可以是具有吸引力的。我们仅仅需要使复杂问题变得让人容易理解。当事情容易理解了，它看起来也就简单了。事情看起来简单了，阻碍人们参与投入的最大障碍也就彻底消除了。

所以，我们该怎么做呢？

其实真的很简单……

简化，并不简单

在进一步解释这个问题之前，让我们先暂停一下，指出一个显而易见却被忽略的事实：朋友们，我们在这里讨论的是简化！认识到这一点给我们带来了一种严重的困扰：我们有可能会复杂化一个谈论简化的章节。这是因为，如果还有一点是我们有把握的话，那就是简化其实一点也不简单。它并不是彻底摒弃难以处理的问题，而是解决问题，以至于你甚至都没有注意到问题的存在。

谷歌搜索页面上只显示了一个简单的输入框，其背后却隐藏了复杂的算法，而这些算法快速翻查了 47.4 亿个网页，最终不到眨眼的工夫就过滤并呈现出搜索结果；隐藏在苹果手机简洁外表下的是它沟通整个世界的能力；只须轻轻地按一下快门，就能用照相机及时捕捉精彩的瞬间；而相对论——通过 $E=mc^2$ 这个简练、易记的公式被完美表达出来。

欧内斯特·海明威（Ernest Hemingway）的作品以其通俗易懂而著称。他的写作风格直白而朴实，极少使用形容词——语言简洁到几乎任何人都能毫无障碍地阅读。然而，这种写作风格虽然表面上看起来简单而毫不费力，实际上却是建立在一套错综复杂的重复和对称的系统之上的。海明威的写作方式去除繁冗但仍然令人回味，这是因为他对作品的内容进行了甄选。被他在作品里保留下来的每个词都是如此重要，以至于改变其中任何一个都会差之毫厘，谬以千里。这远远不是一件像它看起来那般简单的事，海明威完美地做到了化繁为简，我们只是对此毫无察觉而已。

我们不是谷歌，我们也不是海明威（难过）。但我们的的确确知道什么是简约。而且我们还知道的是，无论是一个产品、一次沟通、一项服务，还是一段经验——都适用于同样的基本原则。把事情变得简单易懂，它们看起来就简单了。看起来简单了，那么它们就可能发挥更大的用处。

然而理论已经谈得够多了，实际操作又怎么样呢？好，通过 8 个步骤我们就能实现化繁为简。

从理解开始

我们先从理解内容开始。哦，是啊，这听起来显而易见得有些令人吃惊，然而考虑到一个领导在一天中需要完成的工作量，那么这确实是一件很容易被忽略的事项——因此也确实经常被忽略。

我们对信息有一个普遍的认识，是不是？在过去的十年里，我们一直在使用这个内容,所以它一定是没问题的,对不对?它只需要再加上一点……润色,对不对?

噢,大错特错!

如果我们想要快速应对复杂性,那么我们就需要全身心沉浸在原材料之中完全理解它们。没有假设,没有捷径,没有掩藏与粉饰。如果我们想要正确地做到这些,就需要预先投入时间。

遵循环境背景

一旦我们对已获得的原材料有了充分的理解,无论当下我们在做什么,都可以问问自己,我们为什么要做。

它为什么会存在?为了谁?它要达成的目的是什么?它解决了什么问题?在哪里可以体验它?预期是什么?问题这么多,但所有这些问题(甚至还有更多问题)都是必要的。

简单性和理解力两者都是高度依赖环境背景的。在一个情境中的简单,换到另一个环境下就有可能是复杂的。对于一个人来说简单的事情,对于另一个人来说可能就是复杂的。两个物理学家可能就相对论全面展开十分有趣的探讨,但是即使你仅仅是希望与他们开始一段初阶对话,最好还是带上一本《傻瓜科学》再来参与其中。

即使是对于火箭科学家和神经外科医生来说,这一观点也同样适用。任何专业领域都存在着复杂性。从制作美味咖啡,到生产订书钉,再到保证火车按时运行——我们应该考量的是,简单对于我们的意向受众或用户来说意味着什么。

来重新审视一下瑞士军刀,我们会看到一个非常合适的关于环境背景的案例。在日常情况下,为实现某个特定功能而专门设计的工具都能够物尽其用:规范的螺丝刀、合适的奶酪刀以及标准的开瓶器等。

将工具箱压缩至袖珍意味着做出妥协。然而，在一场有计划的冒险旅途中，当重量、大小和便携性成为关键考虑因素时，为集中所有功能而做出的这点妥协也就相当微不足道了。

瑞士军刀的简单来自它对使用环境的理解，毫不犹豫地抛弃不必要的功能而只保留最重要的部分。

如果我们都解释明白了，那么就可以满意地进入到……

筛选重要事项

一旦理解了环境背景，接下来我们就该筛选重要的相关事项了。我们可以用来表达或展示内容的方式中，哪些是必要的？哪种是最通俗易懂的？哪些是真正重要的细节？哪些是与我们的意向受众息息相关的？哪些能够帮助我们解决问题？

让我们对事物进行一层层拆解回到根本。去掉所有废话、流行语、抽象语言、专业行话以及冗词赘句。让我们删除不必要的内容，但是——请提高警惕！简单不应该被误认为是极简主义。简单是来源于理解并解决了问题的复杂性而得出的结果，而极简主义则仅仅是一种风格上的处理。如果说有效的简单是无形的，那么极简主义通常是一览无余的——以牺牲理解为代价。

没错，过度简化必然会带来的副作用是——相当反常地——困惑。噢，这其中真是包含了绝妙的讽刺啊！如果对事物拆解得太过分，去掉太多有意义的信息的话，就很有可能会带来困惑不解和认知负荷，因为我们要努力搞清楚它究竟是什么意思。

在图标中删除文字信息可能使用户界面缺乏直观性，也增加了导航的难度。建筑中的极简主义风格看上去很美……但这是在有人住进去之前。生活中充满了大量美丽的混乱、细节和复杂。简单粗暴地删除细节当然比解决它更容易，但这并不是简单的真正含义。

与我们的本能反应背道而驰的是，有时通过做加法可能更容易达成简单的目标。没错，我们往往倾向于认为少即是多，但事实可能与我们的这一认识相矛盾，有意思的是，其实多通常意味着……更多。当我们要问可以去掉什么时，我们也应该问一问可以添加什么。我们如何将更丰富、更有意义、更具功能性、更具目的性和更具人性化的内容带到工作中去呢？

在 2016 年，伦敦更新了地铁图，与典型的交通类应用软件常用的极简主义方式相反，新伦敦地铁图在内容上标注了每个站点之间走路所需的步数，这说明实际上在某些情况下采用步行方式比其他方式更容易到达某些站点，而不用再仅仅为了一小段路程还要在站台上苦苦等候另一辆被乘客挤爆的列车。

> 如果对事物拆解得太过分，去掉太多有意义的信息的话，就很有可能会带来困惑不解和认知负荷，因为我们要努力搞清楚它究竟是什么意思。

这个解决方案证明了一个结论：理解背景环境和了解重要相关事项，以及掌握正确处理复杂性的方法，能够创造一种更好的体验。这个设计第一眼看上去的确更加复杂，然而最终它使人们的生活更简单了。

这又顺理成章地将我们带入了……

从头开始

终于，只有进行到了现在，我们才能从头开始，再次尽可能地将一切简化。即使——特别是如果——这样意味着我们要将内容减半（通常都会是这样的结果）。这是因为我们要尽可能用最少的语言去表达最重要的内容。

以人为本

一旦有了骨架，我们就能赋予血肉。而现在，就到了为其增添人性的时候了。

因为，无论我们是在提供一项服务、开发一种产品，还是设计一次体验或沟通，我们的目的都是与人产生联结。而且"说人话"不仅能够帮助我们提高关注度、提升参与投入度和增加影响力，还能帮助我们实现化繁为简这一目的。

共情有助于我们构建背景环境和建立重要相关性。好奇心能够激发学习的积极性。情感从根本层面上决定我们的选择。讲故事建立更深层次的沟通联结。对话有助于我们增强互动的可能性。

如果我们在一切都构建妥当之前就添加人性化这一点缀，那么就只是冒险徒增不必要的困惑罢了——多此一举。

并且，说到人性化，这里还有一些事实……

减轻我们沉重的认知负担

忙忙碌碌与不堪重负已经成了我们的新常态。我们周围时常充斥着冲突与嘈杂声，夺走我们的注意力。我们似乎每天都需要做出无穷无尽的决定。

据估算，我们每天都要做出 35000 个有意识的选择，而做出的每个选择都要消耗我们宝贵的脑力。在过于短暂的时间范围内做出太多的决定，会极大地降低我们的决策能力。

万岁，自由意志。

这也就难怪为什么人们每天都会不惜代价地避免做一些决定。史蒂夫·乔布斯以其刻意而单调的着装风格而闻名，他总是把自己套在一件高领毛衣里，搭配上牛仔裤和运动鞋。奥巴马、扎克伯格以及爱因斯坦，他们也都是每日相同着装的拥护者——为做更重要的决定而节省脑力。

我们不需要开始在衣柜里储存足够一周替换的高领毛衣,但是我们可以贡献自己的一点力量去减轻他人的认知负荷。

在我们的大脑变得疲惫不堪之前,我们能处理的信息量是有限的,我们能够做的决定也是有限的。心理学家将这种不断增加工作记忆负担的现象称为"认知负荷"(cognitive load)。当这种负荷过于繁重时,我们完成工作的能力也将大打折扣。

心理学家希克(Hick)和海曼(Hyman)发现,我们所面对的每个选项都会增加我们做决定所花费的时间。当我们试图帮助人们高效工作时,这一研究结果似乎并不理想。

为了管理认知负荷,心理学家建议我们减少外在负荷(extraneous load),并管理内在负荷(intrinsic load),使增生负荷(germane load)最大化。或者用白话来说就是:对事物中包含的复杂性进行充分的理解,消除理解上存在的障碍,使用有效的学习方法。对,没错,使问题变得容易、简单化,人们就更有可能采取行动。

因此,我们先从限制选项的数量开始。这并不一定意味着删除所有的选项,但是我们可以将它们分解成更容易处理的组块。这就是网上购物往往使用筛选程序的原因之一,利用消费者的偏好来缩小选择范围,增加我们购买某些商品的概率,从而不至于被众多琳琅满目的商品搞得头晕眼花。

接下来,当理解变得至关重要时,我们需要使语言清晰而明确。

当然,我们并不是主张将一切简单化。过度简化那些有意义的复杂内容,就会丧失有价值的细节。我们只是需要减少可能存在的过多的阐释。

当我们的沟通范围超越了利基受众[1]时,我们就需要删除其中的专

---

[1] 译者注:利基受众,这里是指规模较小而又高度同质化的一群人。

业行话术语。它们潜移默化地渗透到我们的语言中，使我们要表达的内容云里雾里难以理解，并造成永远解不开的困惑。

去除含混不清的地方还意味着避免使用多义词。同音异义词[1]、同形异义词[2]、同音词[3]和句法歧义[4]等都会增加不必要的混淆。在这里，我们只是列出了这些词汇就已经够让人摸不着头脑了，所以请大家看几个例子。

"你有一个绿灯"，因为没有上下文语境关系，所以完全是含混不清的一句话。"蒂姆看见男人用望远镜"（Tim saw the man with a telescope）可以解读为"蒂姆看见了一个用望远镜的男人"，或者也可以理解成"蒂姆用望远镜看到一个男人"。每一个解释都是说得通的，描述的却是完全不同的情形。

或者用白话来说就是：对事物中包含的复杂性进行充分的理解，消除理解上存在的障碍，使用有效的学习方法。

我们需要警惕语言中的潜台词。这就意味着信息是被暗示的，而不是明确表达出来的。这依赖于听众如何解读我们的意图，而听众对我们意图的解读方式又取决于我们所处的语境、共有的知识、彼此的关系，甚至是我们的对话发生的时间和地点等因素。

出乎意料的是，我们在社交场合里其实经常使用到潜台词。我们保留在心里而没有说出口的话可能是有目的或是下意识的选择。它可以表达与字面意思完全不同的含义。

---

1 译者注：同音异义词，指读音相同的词。如"no"（不）和"know"（知道）。
2 译者注：同形异义词，指拼写相同而意义不同的词（读音可能相同或不同）。例如，意为船头的"bow"、意为用细绳或丝带打成的蝴蝶结的"bow"和意为射箭用具的"bow"是同形异义词。
3 译者注：同音词，指词的读音相同，意义或写法不同。例如，"sow"（播种）和"sew"（缝制）是同音词。
4 译者注：句法歧义，指因有歧义的文法结构，导致一个句子能以多种不同方式理解的情形。

如果有人问我们能否够到盐，我们知道他们实际上不是问我们的胳膊够不够长——他们是以礼貌的方式想让我们把盐递过去。他们知道我们理解他们要表达的实际意图。（为什么社交竟会如此毫无必要地复杂呢？）

一条有趣的补充说明：我们经常使用间接语言去避免太过大胆和支配性的表达。比如，在成功地结束了第一次约会后，我们邀请约会对象回家坐坐时，我们的真正意图其实并不是邀请客人到家里喝茶或者咖啡。又如，"如果你能把芥末递过来就简直太棒了"这句话也不是为了表达我们对得到调味品的巨大感激之情。

接下来是我个人的最爱：讽刺。噢，当我们嘴上说的是一回事而想表达的却恰恰相反时，我们可以以一种很尖酸刻薄的幽默方式来表达。如果能够敏锐且巧妙地使用讽刺，它将会极其有效。相反地，如果使用拙劣则可能会造成极大的困惑。

从言辞转换到视觉，我们可以使用图像将冗长和复杂的内容进行简化。在"视觉"一章中，我们惊叹于大脑处理图像信息的速度竟然比处理文字信息快了60000倍，同时视觉也是减少认知负荷的一个非常好的途径。这就是重要标志通常伴有符号、万事指南（wikiHow）使用插图的原因之一，这也是所有人都能组装宜家任何家具的不二法门。

如果你正在期待下一个过渡句，我们不会让你失望的。朋友们，我们现在已经进行到第六个过渡句了，提到视觉，我们就毫无悬念地进入到第七个战术……

> 又如，"如果你能把芥末递过来就简直太棒了"这句话也不是为了表达我们对得到调味品的巨大感激之情。

建立一种毫不留情的秩序

不用太过深入理论（不必要的复杂性），但我们有必要了解一下会影响我们如何在视觉上理解事物的一些原则。

早在20世纪20年代,一群德国心理学家就发现,即使是看似最无序和复杂的排列组合,我们的大脑也在不断寻找其中的秩序和简单性。他们以一种极其有趣的、吸引人的,并且听起来很德国的方式来总结这一发现:格式塔[1]。

总结一下这一理论:我们下意识地将一些元素组合到一起,这些元素是相似的、有联系的、接近的、包含在一起的、在同一个方向上延续或移动的,或者是互相平行的。此外,我们的大脑倾向于对不完整的物体或形状进行完形处理。我们对不完整的东西感到焦虑(你好,填字游戏、拼图、连点成图游戏)。

除了格式塔以外,我们还可以通过等级划分使信息加工变得更容易。大小、颜色和重量都能够帮助我们对事物的重要性进行排序。报纸和出版物就是很好的例证。为了加强理解,我们把新闻内容划分为大字标题、副标题和内文等不同的级别来表达信息的主次。

此外,顺序也很重要——要么优先考虑最重要的或抓眼球的特征,要么在进行深化前先从最基本的开始,并打下坚实的基础。

接下来我们就将进入到最后一个战术。在过去的30分钟里,你的老朋友们一直执拗地试图在这里编出巧妙的过渡句,我们只是需要一句话而已,但是……想不出来。所以这次直奔主题,没有过渡句。

随便喽。

切记:辨识优先于回忆

回到我们的大脑中来,以及我们的大脑"辨识优先于回忆"的这一

---

[1] 译者注:格式塔(Gestalt)是心理学重要流派之一,兴起于20世纪初的德国,又被称为完形心理学。

偏好。更简单地来说：我们发现，相比于回忆起记忆里的特定信息，大脑更容易首先识别经历过的事情。

设计得最简洁的系统不会要求我们去记住具体的程序或过程；它们使用熟悉的信号和提示引导我们去达成预期目的。

在经历通宵飞行抵达异国他乡后，我们睡眼惺忪，迷迷糊糊，一般都并非处于最敏锐的状态。而此时无论我们的大脑多么昏昏沉沉，我们仍然能够不费吹灰之力地顺利穿过像迷宫一样的机场航站楼走道和自动人行道。这是寻路系统起作用的结果，即在一个陌生的环境中使用熟悉的标志和符号来简化复杂的导航系统。

词语
讲究措辞的力量

不可否认，经过精心选择的词语能给我们带来一种绝妙的——甚至是不可思议的——感觉。精心雕琢的文字深深地吸引着我们陶醉其中，思绪跟随着作者的笔触而游走；就像是一场精彩的演讲令我们惊叹不已，指引我们产生新的想法和理想。

不幸的是，当涉及工作中所使用的词语时，我们大多数人对会议进程的联想都会像是如下情况：

场景开始于一个狂热的年轻小伙子或是一个野心勃勃的姑娘，他们从椅子上一跃而起跳跃着穿过房间。"我们需要独辟蹊径。"他们睿智地宣布，"如果要真正做到奇想天外，就需要翻出压箱底的本事找到我们的竞争优势。"讲话再次中止，使大家对重要观点进行消化理解。然后，是一个强有力的结尾。"我相信这已经引起大家的注意了。虽然还会有很多变数，但是通过完善健全的策略，我们将会找到创新解决方案。这就需要付出艰苦卓绝的努力……"

众人纷纷点头。我们都点头称是。我们都团结一致。我们肯定是意见一致了。我们想拼命地找到附加值。但是，必须坦率地讲，我们是真他妈的不知道要给什么增添附加值。

虽然，这才是重点……[偷笑] 没有任何人知道。

这只是众多导致混淆的商务词汇中的一例罢了。通文晦涩的会议，含糊其词、长篇大论的邮件，模棱两可的指令。虽然通常情况下，我们对那些通过键盘敲击出的文字或者脱口而出的词汇都稍欠斟酌，但是我们所听、所说和所书的词语都会产生巨大的影响。

对于公司经营来说，还有什么比我们使用的文字更重要的呢？显而易见，文字是我们沟通的基础。有了它们，我们彼此能够分享信息。但与此同时，文字不仅能够建立关系，还能摧毁关系。文字能够创造归属感，也能造成疏离感。文字能够激发、鼓励并团结大家去行动。文字能够改变人们的行为。文字能够改变和塑造文化。

让我们恰当地使用词语，以免我们开始用思想阵雨会来指代头脑风暴会。

词语值得关注

在这个世界上以及我们的工作场合中，充斥着无穷无尽的词语来争抢我们的注意力，而我们首先关注的是那些清晰的、直接的、与我们有关的和使我们感到惊讶的词语。但是一切并没有看起来这么美好：我们需要一番努力。但是这些努力对于成功实现信息沟通是非常值得的，否则就会造成沟通不畅。

词语促进行为

你们是否曾经注意到，那些伟大的领导者似乎总是确切地知道什么样的词语能够促使人们采取行动？但这可不是什么巫术。当我们细细分析他们的用语时就会发现，他们总是在正式用语和口语、被动句和主动句、关系和修辞之间反复转换。唯一不变的是，他们的用语听起来总是真情实感的。

词语使人团结一致抑或分崩离析

你所处的文化是构筑在什么词语之上的？是一种充满包容性的文化——我们还是咱们？还是一种个体文化——主我还是客我？即便是这种微小的差别也可能改变我们的团队动力[1]以及他们一起工作的方式。

主动 vs 被动

我们想让人们做什么？我们使用的动词和遣词方式都能激起人们行动或做出反应。为此，如何在被动和主动语态之间进行选择起到了重要作用。

当我们想要实现毫无偏见和客观的沟通时，被动语态是一个很好的选择，这就是为什么它总是被应用于科学报告和令人信服的新闻报道中。但是被动语态会使信息变得不温不火。而主动语态则通常更紧凑、更不啰唆、更直接并且更容易理解。它更有可能转化为行动。

我们怎么知道要用哪种语态呢？简单的原则是确保我们的主体正在采取行动，而不是对主体采取行动。"猫咬了它的主人"与"主人被猫咬了"。当我们把重点放在猫这个词上时，这句话会表达得更有力度。

在实际情况下又是如何应用的呢？

那么好，与其说"一封确认细节的邮件将要被发送"，我们不如说"我将发送一封邮件来确认细节"。与其发送"对你的指导说明将由现

---

[1] 译者注：团队动力（team dynamics）是用来描述和探讨团体内或团体和团体之间的各种行为现象，包括团体的形成、结构、关系、成员互动、运作、沟通、目标达成、领导、决策、合作和冲突、绩效、权力等。

场协调员完成"这样一条信息，不如改成"现场协调员将对您进行指导说明"。

在这两个例子中，主动语态的表达更加直接，职责分配更加明确而且问责更加清晰。

想一想每天和你在一起工作的人。谁倾向使用被动语态，谁更喜欢使用主动语态？主动语态让人觉得更直接和更加接近命令式，然而如果使用太过频繁就会被认为有些鲁莽。这就是我们喜欢加强人性化的原因。

我们可以把之前的例子改成：

"我会给你去封邮件确认琐碎事项。"

"我们的现场协调员保尔将会为您做出指导说明。"

只要添加的内容对于我们的公司文化来说是真实的、恰当的而且是吻合的——那就让我们行动起来吧。

鼓励性语言

我们所选择的词语能够通过唤起他人情感而影响其行为。这种迂回技巧被称作鼓励性语言(loaded language)，又被称作情绪性语言(emotive language)或高推理语言(high-inference language)。

这是政治家、公众人物和各种品牌经常滥用的一个伎俩，他们利用了人们往往仅凭最初的情感反应而不加思索地采取行动这一行为倾向。最好将这种策略用于善处，并且避免在需要公平或中立的情况下使用。

想一想像"煎熬"和"自由"这样的词汇。这些词汇所蕴含的浓厚感情色彩使人们产生的联想远远超越其字面所表达的意思。它们激发了人们无意识的价值判断，而这种价值判断进而升级为一种情感。

考虑一下"入侵伊拉克"和"解放伊拉克"两种说法之间的区别。

他们的工资是 "减少了"还是被 "削减了"？购入一辆新的四轮驱动是一项 "花费"还是一种 "生活方式投资"？

你所在的工作场合中，都应用了什么样的鼓励性语言，或者说什么样的鼓励性语言是能够被使用的？

修辞 vs 关系

所有工作场合的沟通都包含了修辞与关系语言。

所谓的关系语言就如它听上去的那样：它在沟通中被用于构建联系，建立信任和信誉，并且促进协作。它可能简单得像是问一个人周末要干什么，或是在午休时间关于体育运动的一场交谈。

而另一方面，修辞语言就是关于影响力、说服力、论证的语言，并且要让别人屈服于我们的观点。我们常常在汇报和会议中使用修辞语言，当我们请别人去做某事的时候也会使用修辞语言。

关于修辞的起源，我们可以追溯到古希腊时期，然而其基本原理如今仍然适用。它包含三种不同的风格：灵活性（理性）是应用逻辑；真实性（人格）呼吁一种社会或文化中的希望与梦想、理想、道德、价值观和指导信念；还有同理心（情感）是关于关怀的，主要吸引我们的情感。

即便如此，影响力也不只是与修辞语言有关；我们需要平衡各种风格才能实现有效沟通。当一个领导过度使用修辞语言时会让人感觉非常突兀，同样，如果一场对话在关系语言中徘徊过久，也会产生这种结果。

抽象 vs 具象

抽象语言是无形的且模糊的。它涉及很多想法、概念、主题和范畴。

但是因为它并不具备可感知性，因此对情感的影响也相对欠缺。

相反地，具象语言能够引发形成情感的直观形象。它使用具体的词语描绘一个充满丰富细节的引人入胜的画面。"想象"是一个十分强有力的词汇，因为它促使我们将结果具象化。

有效的沟通自如摆动于抽象与具象语言之间，然而商务沟通——特别是策略——往往游荡在抽象的海洋中。

我们很容易落入一个陷阱：那些笼统泛泛、陈词滥调的宣言，比如"让我们专注于重要的优先事项"或者"顾客优先"。但是这些宣言究竟意味着什么呢？

使用通用语是因为我们假设每个人对词语的定义是相同的，比如"忠诚度""问责制""文化""协作""团结一致"和"成绩"。然而，商业术语和流行语很少会成为具有吸引力或影响力的语言。

没错，如果想要实现我们的愿景，就需要努力地把我们的语言转化成具象的。

思考一下具有代表性的一套公司价值组合：卓越、团结、尊重、合作、安全。所有这些美好的词语和理想都是值得我们奋斗追求的。然而，在日常每一天中它们究竟是什么样子的呢？除非我们将这些价值落实到行为上，并且向员工们分享它们在整个职业生涯中是如何呈现的，否则它们无疑就仅仅是词语罢了——而不是价值。

现在，我们一起看看 Ueno 电子的企业价值：我们都在一起，保持本真，共渡难关，急人之忧，带上巧克力，生命短暂，享受每一刻。虽然这些"文化价值™"仍然需要进一步的解读，但是相比共情、透明、鼓励、自我意识、积极、感激等词语，他们的企业价值描绘了更细节化、更令人难忘的画面。它们不仅是具象的语言，很显然，它们确实是饱含人性的语言。

正式语言 vs 口语

几个世纪以来，正式语言被默认为工作场合用语，但是如今我们对正规化的要求发生了翻天覆地的变化。向人性化发展的趋势使得人们对语言的诉求也产生了变化，人们越来越渴望使用丰富的口语和其他非正规的语言。

正式的适宜程度应当具体情况具体分析，它由环境、品牌、文化和受众等因素决定——从来不被过时的专业概念左右。

举例来说，在澳大利亚有一种奇怪的现象，那就是我们讲话越口语化就越受欢迎。相反地，我们讲话越正式就越不被信任。我们国家的文化逐渐向弱势群体、艰辛谋生者和蓝领阶层倾斜。当然了，这因个人情况而定，依我们在这个世界所处的角落，就职的公司以及所从事的行业而变化。

无论如何，有一样东西是永远忍无可忍的，那就是专业行话（如果你也想对它骂脏话就请举起双手）。专业行话是暗中为害的，是最糟糕的一种正式语。在 Jaxzyn，我们没有脏话罐，但我们有"行话光罐子"。如果有人使用了没必要的术语，我们鼓励每个人把它揪出来。然后把那个词写在一张纸上并放进"行话光罐子"里，以此行为来表达悔悟。

熟悉与包容

说不同语言的人们更难进行沟通，但是这种理解困难并不仅发生在来自不同国家的人之间。

一个神经外科医生和一个建筑工人，他们都拥有自己的语言；Atlassian 公司的开发人员与雀巢的经理说着不同的语言；一个安全部门领导的语言与销售人员的语言也有些许差异。虽然各种语言之间肯定存在共性，但是语言很容易成为阻碍理解和阻挠传递影响力的那道鸿沟。

简单来讲：我们更容易理解自己经常使用的语言。

==这就需要我们用同理心，将目光放远，超越那些在我们看来自然而然的东西，并且用我们想要建立联结的人们所熟悉的语言与之沟通。==

来自不同年龄组群、文化背景、社会经济背景，以及拥有不同社会角色的人所使用的语言千差万别，这给我们带来了挑战。这就需要我们用同理心，将目光放远，超越那些在我们看来自然而然的东西，并且用我们想要建立联结的人们所熟悉的语言与之沟通。

除了帮助理解以外，熟悉的语言还可以促进包容。因为不熟悉的语言更凸显了我们之间的差异性，而不是彼此的相似之处。如果我们正在朝着建立社区意识、共同意识和共同目标的方向而努力，那么我们也应该致力于建立一种每个人都熟悉的共同语言。

所以我们如何保持语言的熟悉性与包容性呢？

好吧，如果我们的员工是专业行话高产用户，或许我们可以在入职培训工具箱中加入行话备忘录。

在进入到内容中之前先设置情境，这对于确保每个人都感受到包容是大有益处的。这可能意味着通过构建"我们来自哪里"和"我们在哪里"的情境来开始会议。

最后，简而言之，如果史蒂芬·霍金都能够以一种让所有人都理解的方式解释时间旅行，那么在这个世界上真的没有什么是不能以大家都能理解的方式讲述的了。为了实现这一点，我们只需要付出更多的努力。

包容 vs 排外

我们所选择的代词也定义了我们与他人的关系。仅仅改变一个单词就可以把我们团结起来或使我们分崩离析。

"我们"和"咱们"是包容的，而"你"和"我"是排外的。是我和你，还是我们一起呢？

让我们来把这些放在工作情境里思考一下。

我们会经常听到："首席执行官向全体员工发送了一封邮件。"但是如果换种说法："我们的首席执行官给大家发送了一封邮件。"只是简单地使用了"我们的"和"大家"，就把每个人都团结到一起来共同面对挑战。它能够激发一种包容和团结的感觉。

因此，在这本书里经常使用特定代词也就并非偶然了。

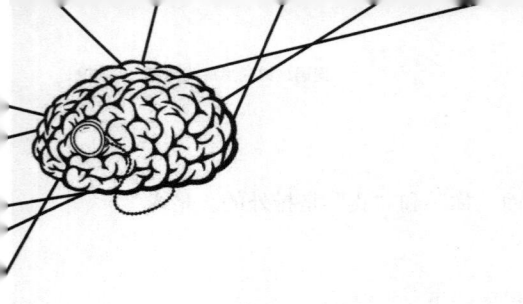

如何说……
词语

建议 18：词语至关重要

朋友们，词语拥有强大的力量。我们可以简单地通过对词语进行精挑细选来改变我们感知和理解的方式，以及他人的感受。

然而，沟通却不仅限于精心刻苦准备的各种会议和汇报。我们的每一次交流、日常对话和插科打诨都会受到他人的品头论足——老天，即使我们什么也没说也会被解读出某些东西。

因此为了恰当地使用词语，我们可以：

- 使用主动语态。使主体去做某事。
- 使用鼓励性语言——但是请谨慎使用。充满情感的话语在号召人们采取行动时可能会产生不可思议的强大力量。不论何时，只要我们点了火，就有引火上身的可能性。
- 均衡使用关系语言和修辞语言。我们需要去培养关系，但是有时候我们也需要他人从我们的角度来看问题。
- 把抽象的愿景、策略和概念转化为具象的语言。让我们超越那些语焉不详的关于领导力的陈词滥调，像是"诚信"与"卓越"，还有那些枯燥乏味的商业修辞，比如"团结一致"和"价值"。让我们描绘一幅细节丰富和令人回味的画面。

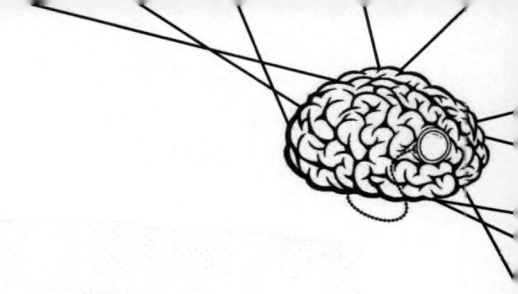

- 请小心使用正式语言。虽然总是存在恰当与否的问题,但是陈旧的专业概念可能并不利于建立联结。
- 使用我们的沟通对象所熟悉的语言。它能够提升包容性和理解性。
- 使用"我们"和"咱们"来表达团结一致。我们大家团结在一起。
- 使用自然的语言。让我们冲破通用的企业用语词典以及那些没有人情味的口吻,让我们充分展现自己的个性吧。没有什么比那些听起来不真实的语言更让人感到困惑和突兀的了。
- 当专业行话有可能产生人际疏远或使人困惑的风险时,去掉没有必要的行话。

名字
一个精挑细选的名字所散发的无比芬芳

有些讽刺的是，像莎士比亚这样一个声誉与文字息息相关的人，却写出了"玫瑰不叫玫瑰，亦无损其芬芳"这样一句台词。它是出自我们的老朋友莎士比亚的作品《罗密欧与朱丽叶》中的一段，朱丽叶以一段任性大胆的老式独白成功说服自己罗密欧的姓氏"蒙特鸠"并不重要，她坚持认为这不会影响他们的爱情，即使这一姓氏是自己家族的宿敌。

几乎所有人都知道这两位爱情至上的乐观主义者的结局如何，但真正的悲剧在于，400年来，每当有人要轻视名字的重要性时，大多会把这段台词拿出来再鹦鹉学舌一番。

"玫瑰不叫玫瑰，亦无损其芬芳……"

不是这样的！单单是戏剧最后的结局就否定了这一论点，而且研究也证明了朱丽叶是错的。名字确实是重要的。它们影响了我们思考和记忆的方式。它们定义和塑造了关系。

在过去超过15年的时间里，我们帮助他人为众多的计划、举措和活动命名。其中一个很容易被我们回忆起的任务，是给一个文绉绉的、绝顶难记的系统会议重新命名。这一会议吸引了成百上千个来自全球的领袖参加，他们汇聚一堂，共同规划未来5年的发展。这个会议的花费巨大，但同时也具有较高的投资回报预期。

以下这些名字都太耳熟能详了，操作指南、领袖峰会、文化变革计划等——这些万用标题可以属于任何一项业务，却很难让我们领会到其中的差异和妙趣。在系统会议这个案例中，这个名字一点也没有体现一个为期 4 天的会议所要达到的目标——创新性、战略性和规划性。它听起来更像是一个每周举行的技术例会。

名字彰显差异并帮助记忆

一个精挑细选的名字会引出一个前所未有的想法。它能使我们的企业或部门变得独一无二，而且它更有可能被深深地印刻在我们的头脑中。

名字影响我们思考的方式

名字可以建立预期和表达个性。在我们还未实际经历一个计划、举措或活动之前，名字就能实现重要信息的沟通，这让命名成了实现认知构建的绝佳机会。

名字为我们的关系定下基调

命名不只是关系到如何去称呼我们的计划、举措或者活动这么简单。我们如何称呼对方为我们之间的关系奠定了基调。我们是称呼对方的头衔、姓氏、名字还是昵称呢？[1] 甚至说，我们到底知不知道彼此的名字呢？我们对职位的描述是会加强等级化还是使其扁平化？如果我们想要进行企业文化变革，那么我们就需要慎重思考该如何称呼彼此。

---

1 在 Jaxzyn，我们确实喜欢使用昵称：老伙计、T 骨、J-Rad、KB、B、山姆、Nads 等等，还有很多很多。

名字里包含了什么？

我们向你保证过要证明名字会形成差异。

麦克吉尔大学和蒙特利尔神经学研究所的叶莲娜·乔尔杰维奇（Jelena Djordjevic）和同事们进行了一项名为"玫瑰不叫玫瑰，还能芬芳依旧吗？"的研究，他们以一个令人信服的学术研究对莎士比亚说"去你的吧"。

从结果上来看，他们也的确做到了。他们向被试提供了15种自选香味，从难闻的，到中性的，再到香气扑鼻的。每种香味都配有名字，包括正向的（"胡萝卜果汁"）、中性的（两位数的数字），或者是负向的（"发霉的蔬菜"）。反常的是，无论样本的气味闻起来是香的还是臭的，当它配有一个正向的名字时，被试对它的评价较高，而当配有一个负向的名字时，被试对它的评价较低。这也并不是一个主观排名——它是生理反应。当气味带有一个正向的名字，被试就会闻得更多，他们的皮肤电导和心律反应就更强烈。

说到臭臭的东西，这里不得不提到的是：孩子。研究人员哈拉里（Harari）和麦克戴维（McDavid）发现，我们给后代取的名字会影响到他们的学业成绩。在试验中他们让一组教师给论文打分。除了教师并没有意识到论文上的名字是假的以外，其他并没有什么异常之处。那些有着不受欢迎或没什么吸引力的名字的学生，比如"米尔德里德"（Mildred）或"雷金纳德"（Reginald），他们得到的成绩明显低于那些拥有受欢迎或有吸引力的名字的学生，比如"珍妮弗"（Jennifer）或"杜格尔"（Dougal）。可见，这对于那些名字不好听的人来说实在是一个不幸的研究结果。

或许，甚至可以说名字对我们后代的自尊心更加重要，麻省理工学院的研究人员艾米·泊菲（Amy Perfors）发现名字能够影响我们对他人的吸引力。泊菲在 hotornor.com 网站发布了她的24个朋友的照片，在这个网站上人们可以对他人的长相进行评分。更残酷的是，她还将照片上传两次并分别配上了不同的名字。令人惊讶的是，根据名字的不同，同一张照片竟然收到了不同的评分。

对于女士们来说，相比那些包含更短促、更尖锐元音的女名，我们发现那些发音完整、听起来更圆润的名字似乎更有吸引力，比如"劳拉"（Laura）或"萨利"（Sally）。而对于男士们来说，如果名字里的元音是在嘴巴前部发音，比如"埃文"（Evan）或"伊凡"（Ivan），能让一位男士听起来更英俊帅气。

这个故事的寓意是告诫我们尽量不要和心理学家做朋友。另外，你可以给女儿起一个绝顶难听的名字，这样等她到了青春期你就可以省去在门廊上挂猎枪的麻烦了。

分类的利弊

研究还表明，当我们知道对象的名字时就更有可能记住它。

在一个近于超自然的实验中，心理学家加里·卢平（Gary Lupyan）向被试展示了一系列外星人的照片，并要求他们猜测这些外星人是友好的还是充满敌意的。为了帮助被试掌握表现外星人意图的微妙特征，每次回答完毕后被试都会被告知答案正确与否。

实验前，其中四分之一的被试被告知意图友善的外星人名叫Leebish，而充满敌意的一方则叫作Grecious；另外四分之一的被试得到的信息却恰恰相反；而剩下一半的被试则没有收到任何关于外星人名字的信息。出人意料的事出现了：结果显示，一半被告知外星人有名字的被试更快地学会了给外星人分类，他们仅用了不到另一组一半的时间就完成了测试，且达到了80%的准确率。

我们对事物进行分类的方式也会影响我们对它们的记忆方式。

在一个以平凡生活内容为素材的实验中，一群幸运的参与者观看了摘自一本宜家目录中的家具。在一半的问题中，他们被要求标记家具名称（"椅子""床""台灯"，等等）；而其余的时间他们只需要说出对家具喜欢与否。有趣的是，在参与者们对产品进行标记的情形下，他们发现过后会更难回忆起这件产品的具体细节。这说明分类这一行为往往会使事物在我们的头脑中更加雷同且普通。

像外星人和瑞典家具这样有意思的实验，它们的研究结果对我们来说究竟有什么意义呢？

的确，它们表现了命名在学习应用中的重要性。如果我们能够确保人们记住了一个名字——可能指的是一个系统、流程、计划或风险——那么过后他们会发现更容易回忆起事物的细节和其他相关信息。

与此同时，我们还要警惕事物的分类方式，特别是当我们想要人们记住具体细节时。尤其是当事物的特征与它所在的分类中的普遍特征不同时，或者当所在分类带有负面联想时，在这些情况下需要特别小心地分类。

使用"计划"这个词，我们马上就可以用一整套现成的看法和假设来定位它。当然这个分类也没什么不好，除非我们想让人们换种方式思考。也许最好还是归类为"体验"或"举措"——这些类别具有不同的内涵和意义。或者可以更好，如果我们想彻底颠覆人们的思考方式，那么就赐予它一个独特的且难以忘怀的名字吧。

> 使用"计划"这个词，我们马上就可以用一整套现成的看法和假设来定位它。

❝ 约翰和非"烦"安全设计课程

注册一个在线安全设计课程并不总是一件什么值得庆祝的事。谁会期待花费一个个不眠之夜去学习等级控制？虽然安全设计对于建筑师、工程师和其他设计师来说是一个非常重要的主题，但其内容通常非常密集和偏技术性，并且往往以被动学习方式来传授。基本上就是阅读并死记硬背一大堆材料。

约翰是一个龙头安全设计公司的创始人，他想要开发一个能够让设计师们真正享受其中的在线课程。他希望将现代学习方法与最先进的技术结合起来，再适当地融入一些人性化内容作为辅助。他希望这个课程既充满丰富信息又具有吸引力。另外因为该课程将获得认证，所以需要考虑纳入法规和政策。

在课程开发进行到一半的时候，约翰开始考虑课程名称的问题。他需要一个名字，既能够准确地表达课程体验，能够概括他们对技术内容的人性化解决方案，但同时不要预设不切实际的期待。总之到头来它仍然是一个关于安全设计的课程，而不是在田园诗般的地方度假。热情需要被现实缓和一下。

然后名字就迎刃而解。综合以上见解，"非'烦'安全设计课程"就由此诞生了。这个名字通过引人入胜的方式向人们承诺提供有价值的技术内容：充满了自嘲幽默、案例研究和实用内容的一系列短视频。它向人们传递一种体验，虽然这个课程不见得多么有趣，但它肯定也并不枯燥乏味。

改变名字，改变角度

名字与类别是紧密联系的。通常，我们给某物起名也就相当于将其归类，这就是耐人寻味之处了。

称一个部门或行业为"人力资源"，暗示了人们是"资源"和"资产"，是不是就延续了一种以牺牲人为代价来追求利润的观点呢？从结果上来看，这些名字是否已经影响了人们在工作中所受的待遇，以及他们处理工作的方式？

似乎很可能就是这样的，特别是越来越多的企业把"人力资源"改称为"人与文化"以及"员工体验"等术语。虽然简单的名称变化可能看起来并不是什么大事，但它肯定呼应了向更人性化的工作环境发展的趋势，在这里，人远远不只被视为是用来使用和消耗的物品。

我们是说"资源""资产"或者"工作人员"，还是说"雇员"？或者再好一点，为什么不称"我们的人"？相似地，我们是用"客户"这样的通用头衔来称代我们的顾客，还是直接叫他们的名字呢？

当用一个名字称呼一个人足够频繁时，不仅我们会觉得越来越人如其名，而且就连他们自己可能也会这么认为——并扮演那个角色。实际上，我们所使用的名字和类别能够影响人们看问题的角度和行为。

爱彼迎（Airbnb）使用"host"（屋主）来指代提供房屋出租的人们。他们本来有很多名字可以选择，但是这个特别的词汇充满一种宾至如归的意味。而其他的名字，比如"landlord"（房东），可能传达的就会是一种完全不同的感觉。

> 我们是说"资源""资产"或者"工作人员"，还是说"雇员"？或者再好一点，为什么不称"我们的人"？

赛百味（Subway）把他们的人称为"艺术家"——这是一个相对用语，我们猜。这只是为了顾客的利益吗？或者是从潜意识里鼓舞赛百味的员工们以制作精良的三明治而感到自豪？或许就是一个简单的名字，有可能把一个在快餐店里百无聊赖的青少年变成一个艺术家，像是深深感受到杰克逊·波洛克[1]的艺术启发，手持田园沙拉酱，在一英尺长的三明治上尽情挥洒创作。

---

1 译者注：杰克逊·波洛克（Jackson Pollock，1912年—1956年）是一位有影响力的美国画家以及抽象表现主义运动的主要力量。他以创立独特的滴画而著名。

关系的象征

在任何一种文化中,语言和分类在构建组群特征和划分等级中都扮演了重要的社会角色。

指示语是指某些指代物体、人物和地点的词语的指代方式随指代对象所处的时间与空间而变化。这个概念同样用于表示人与人之间的社会距离[1]。

在英语中,关系亲密的人以名互称,而当我们与对方不太熟悉时则会给名字加上尊称以表尊重,像是"先生""夫人""医生""阁下"等。其他的语言则有更复杂的习俗,依据性别、年龄或社会阶层的不同而变化多样。

在东亚,说话者使用的词语会根据其交谈对象的社会地位高低不同而变化。在澳大利亚的原住民语言迪尔巴尔语中,已婚男子在与岳母讲话时需要使用一套特定用语。

在我们的职场文化中有什么职别呢?我们是用头衔来正式地称呼彼此,还是用直呼其名的非正式方式?我们的语言是强化了等级还是使等级扁平化了?这些重要的文化考量都是影响我们建立理想关系的决定性因素。

---

1 译者注:社会距离(social distance)是个体之间、群体之间、个体与群体之间因亲近或疏远程度不同表现的不同空间距离。

如何说……
名字

建议 19：三思命名，小心分类

名字与分类看似微不足道，但是它们在感知和回忆中起着重要的作用。除了我们有意传递的信息外，它们还表达了额外的内容。

为了达到三思命名和小心分类的目的，我们可以：

- 思考如何指代我们的人。"资产""资源""工作人员""雇员""人们""传奇""同志""团队"——这些词语都清晰表达了我们是如何看待他们的。
- 思考如何给我们的部门、计划、举措和客户命名。这些都影响了人们看待他们的方式。
- 确保人们知晓重要流程的名字，以及重要的系统、人员、危险、体系、计划和举措的名称。知晓名称有助于我们回忆细节。这使得命名成为学习过程的重要组成部分。
- 保持对分类——我们将事物组合在一起的方式——的警惕。分类有助于回忆，但这是以牺牲细节为代价的。它们往往还带来难以打破的联想和污名化。

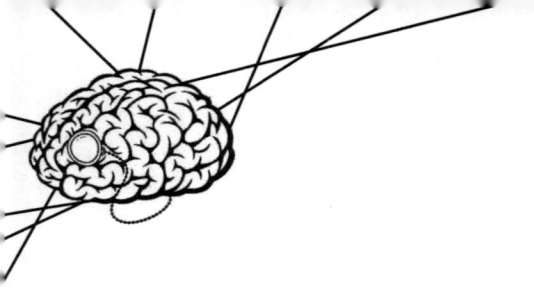

- 思考我们给彼此贴的名字和分类标签。在大多数的西方文化中，在沟通中使用正式的头衔和全名会强化等级化的组织结构；而在沟通中使用"名"则使组织结构扁平化。

N SURPRISE! HUMOUR VISUAL DEL
HABITUATION FEELS NARRATIVE H
ITY COMPLEXITY CONFUSION ENGA
CE DELIVERY WORDS NAMING CUR
ATIVE LANGUAGE CULTURE ANTICIP
AGEMENT MEDIOCRITY DELIVERY I
E HUMAN ATTENTION INFLUENCE M
AGEMENT CURIOSITY ANTICIPATIO
N SURPRISE! HUMOUR VISUAL DEL
HABITUATION FEELS NARRATIVE
ITY COMPLEXITY CONFUSION ENGA
CE DELIVERY WORDS NAMING CUR
ATIVE LANGUAGE CULTURE ANTICIP
AGEMENT MEDIOCRITY DELIVERY I
HUMAN ATTENTION INFLUENCE ME
AGEMENT CURIOSITY ANTICIPATION
N SURPRISE! HUMOUR VISUAL DELI
HABITUATION FEELS NARRATIVE HU
ITY COMPLEXITY CONFUSION ENGA
E DELIVERY WORDS NAMING CUR

语言
语言改变观念的力量

不管你是否相信人类起源于猿，来自诗意田园或是太空船，普遍被大家接受的观点是语言的发展（或者存在）促进了合作。

一般的科学理论是，早期的兽人为了更好地合作而逐渐扩展了他们灵长类的沟通系统。然而，对于那些更相信宗教起源的人来说，《圣经》故事中的巴别塔[1]描述了上帝是如何通过使用不同语言让人类四散东西，由此来阻止他们在一起彼此协作的。一回事，一回事。

语言使我们能够在团体中分享知识、想法和故事。然而同样重要的是，它在对外来人保护我们的知识方面也起到了重要的作用。没错，不论我们的外表看起来是多么国际大都会范儿，我们的部落本能仍然根深蒂固。

如此说来，语言认为我们总是属于一种特定文化，并且将其他所有人都排除在外。就算我们都说着相同的语言，口音和方言[2]也透露出了我们所从属的各种各样的亚文化：国籍、宗教、社会阶层、俱乐部、帮

---

1 译者注：巴别塔，是《圣经·旧约·创世记》第 11 章记载的当时人类联合起来兴建希望能通往天堂的高塔；为了阻止人类的计划，上帝让人类说不同的语言，使人类相互之间不能沟通，计划因此失败，人类自此各散东西。此事件解释了世上出现的不同语言和种族。
2 译者注：在这里"方言"是指某个口语社群所使用的某种特定形式的语言，如在某一个社会团体、社会阶层或次文化群众中被使用的语言。以下同。

派、团体、消遣娱乐、政治派别、生意、职业、雇主等。根据文化环境的不同而切换方言，这对我们来说再寻常不过了。

让我们在这里先暂停一下，看看"文化"这个词。这个词汇在企业界被唠叨个没完没了，这一晦涩的词语经常被拿来用于描述一套模糊的共享态度、信仰、仪式、惯例、规范、假设和价值观。这一切都影响了我们的行为，以及我们如何解释他人的行为，并最终影响了我们之间的互动方式。

语言是表达这些元素必不可少的一部分。它将模式、分类和隐喻等进行编码，以此来帮助我们理解这个世界。也是因为这个原因，语言和文化交织在一起、不可分离，它们彼此之间相互影响。

我们在新闻中听到的许多关于企业重大失误和当众出丑的消息，究其原因都可以追溯到语言。

当我们回过头去思考安然公司（Enron）经营者的典型用语，他们公司所发生的越轨行为[1]也就不足为奇了。比如"我们有野心勃勃的文化"，以及"金钱是唯一动力"。这并不仅是几个人离经叛道的问题；他们的共享语言发送了很强的文化信号，来暗示什么是他们所认为的适当行为。

最近，优步公司（Uber）一直受困于外界对它所营造的一种竞争文化的指责，在它的企业文化中大家倾向于对成绩卓越者的不当行为视而不见。也许优步不应该"披荆斩棘"[2]？或许因为耐克"用最简单的方法做最正确的事"并且"即刻进化"[3]，从而会在相对寥寥无几的指责

---

[1] 译者注：作者在此指安然丑闻案，该案曝光于 2001 年 10 月，最终导致总部位于得克萨斯州休斯敦的美国能源公司安然公司破产，并连锁导致一度贵为全球五大审计会计事务所之一的安达信会计师事务所解体。这个丑闻既是美国历史上最大的破产案，也是最大的审计失败事件。
[2] 译者注："披荆斩棘"（always be hustlin）是优步的公司信条之一。
[3] 译者注："用最简单的方法做最正确的事"（simplify and go）和"即刻进化"（evolve immediately）都是耐克公司的格言。

声中持续引领市场？这些格言自然而然地渗透进公司的每一个战略抉择和每一次至关重要的沟通中去。

下一次，请把你的耳朵竖起来紧紧贴在门上，或者把你的鼻子从办公室间隔板上方伸过去（太像狐獴了！），立即去听听在你的工作场合中大家都在使用什么语言。过滤掉那些关于前一天晚上放纵卡拉OK的对话和关于奈飞（Netflix）剧集的剧情讨论，听一听人们谈论公务的方式。这就是你们企业的共享语言。它并不是一种直接来自公司指南或规章手册上的语言——它是自然发展出来的。

语言集中注意力并且提升表现

语言能够在某些领域指引我们关注的方向并且提升表现。它塑造了我们所关注和思考的东西。我们是否把注意力放在品质、服务或者创新上？安全理念是否已经贯穿于我们的语言，成为头等大事？我们的语言是否通过赞美集体来促进合作？

语言影响行为

词语能够设定预期和企业价值观，这些都被纳入行为的范畴。我们的语言是一种激进和竞争性的语言（"不择手段！"），还是包容和有爱的语言（"我们的员工至上！"）？最简单的词语潜移默化地渗透进我们的文化中，改变着人们的思考和行为方式，改变着我们的客户和员工的体验。

语言塑造文化

综上所述，我们的语言应该培养一种共享的身份认同感、包容性、目的性和归属感。它不应该强化我们的差异性,而应该允许不同方言的存在。一线人员的表达方式永远不会和执行官一样。对其他部门来说,法律部门总是有些晦涩难懂和毫无相关性的专业术语。并没有某种单一的表达方式是适用于每一个人的。

挑战来自建立一种基于文化价值的共享语言,同时须谨慎对待我们之间的差异性。因为如果在我们的部门和团队之间的语言是孤立的,那么我们的文化也很可能会变得支离破碎。

注意你的语言

我们企业内部的语言是从故事和叙述中产生的;价值、愿景和使命,品牌建设,技术术语,行业和特定职业专用术语以及首字母缩略词。它通过对话、会议、信息、邮件和备忘录润物细无声地传递着。它存在于政策、指南、合同中,存在于我们的公司网站和内网上。所有这些元素(以及更多)都融合在一起而产生了对我们来说独一无二的语言。

在影响这种共享语言方面,我们每个人都扮演了重要角色。之所以说"影响",是因为我们不能完全控制它;它是由属于该文化的每一个人塑造的。它需要我们通过日常的沟通自然传递。人们一定要愿意使用它们。而且他们所说的正是他们意欲表达的。

我们能够尽力做到的是设定语言基调,使其与公司大厅、办公室、工厂和工作环境相吻合。口号和行为准则、口头禅和文化隐喻、故事——都被过滤到日常词库中——被编织成文化之毯。它们的存在超越了品牌指南和文化策略;它们应该像在对外新闻稿和企业沟通中那样,在日常沟通中也被凸显出来。

语言塑造了我们的观念。它决定了我们的表现。问题并不是"为什么语言是重要的",而应该是"为什么我没有把语言视为重中之重"以及"我们如何才能通过塑造企业内使用的语言来促成更好的效果"。

安妮更新语言

文化变革对于任何企业来说都是一项庞大的任务。各个层级、部门和所有股东都需要参与其中。要弄明白从哪里开始着手就已经足够棘手了，更别提还要从无数方案中找出能够满足我们特殊要求的最佳方案了。

作为员工与文化部门的领导人，安妮负责带领她的公司完成一个文化变革项目，这对于一个正处于动荡状态的行业来说更具有挑战性。她的关键作用是确保他们的员工做好准备去满足未来客户的需求。这没什么大不了的。

安妮着手解决事情的方法有些不一样。她先从思考如何用他们的语言塑造企业文化入手。它是着眼于未来的，还是勇敢行动并冒险尝试的？抑或是被动的、胆小的、固步自封的，吃老本、不思进取的？为了准备好应对未来的不确定性，安妮明白他们的语言需要更新。

因此她筹划了一系列的活动，并且邀请了100位企业界的意见领袖来重新构想他们的文化。她还邀请了一位家喻户晓的澳式橄榄球运动员，让他来讲述自己在培养强大团队文化方面的经验。他分享了语言——特别是口号——是如何将人们与一种共同目标联系在一起的，其中囊括了一整套信仰和行为。

在报告会之后，小组在指导下通过几个活动去开始发掘和塑造他们的共享语言，先从一个口号开始。在接下来的许多年里，它们会成为安妮文化策略的基石。

语言、思维和文化的循环影响

先不用把自己淹没于几个世纪以来亚里士多德式的哲学辩论中,我们姑且说,已经有非常多的观点是关于语言和思维如何相互作用的了。思维是被编入我们脑海中的一种内部语言形式吗?还是说,思维是独立于语言的?先有鸡,再有蛋;先有蛋,再有鸡。

直到20世纪90年代初期,随着神经影像学的进步,人们才勉强对思维与语言之间的关系达成了共识。结论?我们不需要为了思考而去知道表示具体概念的词语。无须用词汇去描述,我们就能够想象出交响曲的声音、火龙果的形状,或是新割的草所散发出的香气。

> 问题并不是"为什么语言是重要的",而应该是"为什么我没有把语言视为重中之重"。

这样相对来说更容易理解,是不是?然而,将人的身体从头部一端送进功能磁共振成像机器的大洞中之后,我们同样发现了一些极其有趣的事情:说着不同语言的人们的思维模式存在着微弱但很明确的不同。

语言影响(linguistic influence)这一概念——认为语言在影响思维和观念方面起到了重要作用——已经被语言学家、神经科学家、哲学家和心理学家都证实过了。我们的词语能够提高理解、回忆和表现。我们的文化隐喻影响了我们对某些概念的思考方式。我们的语言将广义概念划分为具体分类,这种分类方法会影响我们思考它们的方式。通过聚焦我们的注意力,语言能够在某些方面提高我们的表现。

这样一来,语言、思维和文化之间都紧密相连,互相影响,反过来,它们又影响了我们看待世界的方式。这四个元素——语言、思维、文化和世界观——之间是循环影响的,一种与语言影响哲学完美融合的概念。

总之,语言编码并管理着:

- 我们使用什么词语

- 我们使用什么文化隐喻
- 我们如何分类和分解事物
- 我们潜意识里关注什么

它影响了：

- 我们如何记忆事物、事件和人
- 我们如何看待和体验世界
- 我们如何思考，以及如何解决问题

这些都是构成我们工作中的表现、行为和文化的不可或缺的部分。

因此，让我们全心投入其中并深入探讨这些内容吧。朋友们，我们要深入下去了。而且，说真的，下一部分才可能是真正烧脑的内容。

词语

明摆着的事实是，语言之间最明显的区别就是词语。虽然如此，明摆着也并不意味着无关紧要。我们已经明确了词语的重要性；现在让我们再研究一下不同的语言是如何赋予其母语者天生优势的。

我们先来看看这串数字：5、8、3、9、2、7、4。读一次，目光离开这串数字 20 秒钟，然后回忆一下它们。

你回忆得怎么样？

如果你回忆不起来，不用感到难过。作为一个说英语的人，你有大约 50% 的机会去记住这串数字。哈！但是如果你是中国人，用汉语普通话读出那段数字，那么你就有可能很完美地将它们回忆起来。

为什么？实际上，这是因为语言和记忆产生了一种融合。我们在记忆回路里储存的短期信息大约持续 2 秒钟。无论在这 2 秒钟内我们能说什么或是能读什么，我们都会发现能够很容易地回忆起这些内容。

对于说普通话的人来说幸运的是，他们表达数字的词语相当短。英语单词"seven"（数字 7）对应的汉语拼音是"qi"。现在，请设想一下说出 7 个数字的用时差别。

是的，虽然说英语的人能够以灵活的口腔运动读完这一串数字，但是说普通话的人能够将所有这 7 个数字塞进 2 秒钟的记忆回路中，这就使得他们更有可能记住这些数字。

现在请思考一下，如果涉及数学学习，将产生什么结果呢。

一般来说，4 岁的中国孩子能够数到 40。相较之下，美国的同龄孩子们只能数到 15。他们要再花费 1 年的时间才能数到 40，这就意味着在最基础的数学技能方面，他们比中国同龄小伙伴们落后了整整 1 年。

同样，汉语的数字系统比英语的更加合理，因为它更有逻辑性。在英语中，我们数"11（eleven），12（twelve），13（thirteen）"，在普通话里读作"10—1，10—2，10—3"。这种富有逻辑的语言系统意味着不用再去学习全新的词汇。

对于分式这种基础函数来说，汉语也更有逻辑性。说英语的人要去理解"4/9"（four-ninths）这一概念，而这在汉语里从字面上就给予了解释："九分之四。"

有趣的是，大家对亚洲孩子的刻板印象是他们具有数学方面的优势，相较之下，我们对英语国家孩子的刻板印象则是他们对数学明显缺乏热情。进入高中以后，美国学生的数学水平在 65 个国家中排名大约在第 30 位，而中国和韩国学生则名列前茅，这样看来，或许这种刻板印象也就不足为奇了。

这些都仅仅是巧合吗？认知科学家卡伦·富森（Karen Fuson）并不这么认为。她提出，美国孩子对数学的幻想破灭是因为笨拙而复杂的英语语言系统。可能中国孩子并不一定更聪明，他们只是拥有一种天生的语言优势。

当事情容易时，我们就可以少付出些努力，这就意味着我们更能够享受其中，从而表现得更好，这反过来又使我们更加享受它们，就这样周而复始地循环下去。这也导出了很符合逻辑的结论，那就是：如果你想让你的后代在数学方面拥有优势，那么你最好开始着手教他们汉语。

话说回来，总有人不如你。在巴西的皮拉罕部落的语言中根本没有数字；他们只是简单地使用"少"和"多"。不出所料，研究表明他们在处理大量数据时，很难弄明白确切的数量。

这就带给我们一些有趣的思考。

如果词语能够提高我们对数学的精通程度，那么我们在工作中使用的词语是如何影响表现的呢？我们使用的首字母缩拼词和专业术语是否会提高我们的沟通速度和效率，还是只是能够引起困惑罢了？我们是否也为一套笨拙而复杂的语言系统贡献了一臂之力？如果答案是肯定的，我们是否应该清除专业化语言？又或者，企业内部人员能够理解的词语对公司文化以外的人来说就像天书一样，如果我们能够确保这一点，是否能够培养出一种强烈的归属感？

这种可能性使我们心跳加速。

隐喻

语言学家乔治·莱考夫（George Lakoff）认为，我们对隐喻的偏好（平均每分钟6个）经常为我们提供一种对我们的文化价值和世界观的独到见解。

说英语的人将时间比作金钱，把时间看成是能够储蓄、花费、挥霍或者投资的宝贵商品。它能以多种增量进行衡量：千年、几个世纪、几十年、几年、几个月、四个星期、几周、几天、几个小时、几分钟、几秒钟——用我们对各种追求所投入的时间来表明我们的着迷程度。

其他的语言对时间使用不同的隐喻：尺寸、长度，甚至是单一的、不间断的循环。美国本土霍皮族所说的"今天"不是指新的一天，只是简单地意味着昨天回来了。这一概念产生了一个非常不同的时间观念。

> 我们对隐喻的偏好经常为我们提供一种对我们的文化价值和世界观的独到见解。

说英语的人们描述持续时间是就长度而言:"一段简短的对话"或"它没用太长时间"。希腊和西班牙语种的人们则用数量形容持续时间:"大"或"多"。这似乎并不是什么大不了的事,但是这些隐喻影响了我们预估时间的能力。

心理学家丹尼尔·凯萨撒托(Daniel Casasanto)和认知科学家莱拉·博罗迪斯基(Lera Boroditsky)召集了一组说英语和说希腊语的人,在屏幕上向他们展示了停留时间长短不同的形状和物体。说英语的人更容易对长度感到困惑:他们认为线条长度越长,它们就会在屏幕上停留更长时间。说希腊语的人经常对数量感到更加困惑:他们猜测相比于空空的容器,装满的容器会在屏幕上停留更长时间。

然而,真正令人兴奋的地方在于,他们教说英语的人用其他语言的隐喻方法来描述时间。他们被鼓励像说希腊语的人那样使用尺寸来描述时间长短,并且像说汉语的人那样用垂直隐喻来描述一个事件的顺序。改变隐喻实际上是改变他们的思维,使其更接近于以希腊语或汉语为母语的人们。

这也不是什么不寻常的事情。大量的研究已经发现,双语改变了人们对颜色的看法、对时间的描述、对情绪的表达以及其他认知功能,而这取决于他们当下正在使用哪种语言。

让我们先回到使用过的时间隐喻,并且想一想它对我们工作的潜在影响。

对一个追求尽可能快速且高效制造商品的公司来说,把时间比做金钱的隐喻特别有助于他们实现目标。但是对于一个努力以质量、安全和服务为优先的公司来说,它的帮助可能并不是很大。在这样的情况下,这个隐喻微妙地削弱了这些抱负。当我们把关注点从效率转移到质量时,时间也不再是一项成本,而是一种必要的投资。

我们想一想,实际上有多少企业的信条和假设是来自领导层和公司的政策,又有多少其实仅仅是因为语言? 当隐喻不能帮助我们时,改变它们可能就成为改变人们观念的重要一环。

分类

我们在"名字"一章中简要地讨论了类别这一概念,但是不同的语言也决定了我们切分事物的方式。语言决定了我们所使用的组群和类别,以及我们是如何给它们贴标签的。

学习语言的一个部分是理解哪些东西看起来是相似的,以及哪些是需要区别对待的。一些被科学界定的分类是无法被撼动的,而其他的则由文化价值决定了我们如何对事物进行划分。

例如,如果我们在——用未经修饰的白话来说——连续光谱上涂抹一大堆颜色,那么识别具体颜色的问题来自语言的不连续性。我们要对颜色渐变层任意地进行切片,而每种语言的切片方式都不同。

> 语言决定了我们所使用的组群和类别,以及我们是如何给它们贴标签的。

很显然,我们不可能给每一个独一无二的颜色起名字,虽然油漆品牌为此做出了极大的努力。那个颜色是冰山白还是北极熊白呢?如果你真的能分辨它们,其中一定有合理的原因。研究显示我们的大脑夸大了颜色之间的差别,当它们拥有独一无二的名字时,我们就可以更好地识别单个颜色。

相比于那些将蓝色和绿色视作一种颜色的语言来说,说英语的人会发现更容易区分这两种颜色。然而,我们发现说俄语的人比我们更容易分辨深浅不一的蓝色,因为他们有独特的词语表示浅蓝色(俄语:goluboy)和深蓝色(俄语:siniy)。

性别化语言将事物分为男性或女性。这对于一个说英语的人来说似乎很奇怪,但是对于一个以性别化语言为母语的人来说这完全是很自然的。但是,令人惊讶的是:实际上,说一门性别化语言能够帮助我们更早了解自己的性别。希伯来语就是一种性别化语言,而芬兰语不是。一项研究发现，说希伯来语的孩子们通常会比说芬兰语的同龄孩子早整整一年意识到自己的性别。这是真事。

日本将人们划分成 nihonjin（日本人）和 gaikokujin 或者 gaijin（外国人）[1]。对于一个说日语的人来说，你要么是日本人要么就不是。如果你想到日本对外开放相对较晚，似乎也不会觉得这是多冒犯人的一件事了。

如今，日本人占了日本全国总人口的 98%，由此看来，日本的文化多元性仍然要远远低于其他国家。在这种文化背景下，他们的语言将人如此划分也就说得通了。将人按种族分类，这在其他国家肯定会被认为是一件冒犯人的事，而在日本就几乎不会。语言强制我们对人进行分类的方式为我们提供了有关多元文化视角的有趣见解。

我们对时间分类的方式能够影响我们存钱或吸烟的可能性。

英语是一种未来时（或强未来时）语言，它能清晰地将过去、现在和未来区分开来。实际上我们在表达方式上并没有其他选择，我们只能说"之前天气是恶劣的"（"the weather *was* foul"），"现在天气是恶劣的"（"the weather *is* foul"）或者是"天气将是恶劣的"（"the weather *will be* foul"）。

像汉语、德语和日语这样的语言都是非未来时（或者弱未来时）语言；我们可以用相同的措辞表示昨天的、今天的或明天的一个事件。这些语言不依靠动词，而是依托环境背景去建立一个事件的时间概念。

这为什么重要？行为经济学家基思·陈（Keith Chen）认为，相对于以爱存钱著称的中国人，美国人并不情愿把钱存进储蓄账户中去，这是因为不同的语言对时间的分类方式有所不同。

为了证实他的假设，陈做了一项研究，作为一个经济学家，他尽可能地做到了严谨。通过大量的数据，他发现，使用未来时语言和使用非

---

[1] 译者注："gaikokujin"是日语中"外国人"的标准读音，指的是来自自己国家以外的人。"gaijin"是外国人的简略读音，汉字写成"外人"，如语境使用不当会有排斥外国人之嫌。

未来时语言的人的行为之间存在着巨大的差异性。

他发现，无论在哪一年，无论在哪个国家，使用非未来时语言的人比使用未来时语言的人存钱的可能性要高出30%，并且存储额要多出45%。

不过，陈的研究发现还不仅适用于金钱。比起使用未来时语言的人，使用非未来时语言的人吸烟的可能性要低20%到24%，肥胖的可能性要低13%到17%，并且用安全套的比例要高出21%。太有责任感了，然而这究竟是为什么呢？

是这样，陈认为未来时语言使未来说起来感觉更加遥不可及，而且相比于当下，未来与我们的相关性更低。为什么为了明天不知道会不会发生的事情，而去牺牲掉今天确定的满足呢？反之，在非未来时语言中缺少对现在和未来的区分，这就使得语者一视同仁地看待它们。所以下一次你再把一叠钱付给收银员而不是把它们塞到床垫下面的时候，就请责怪英语这门语言吧。

> 所以下一次你再把一叠钱付给收银员而不是把它们塞到床垫下面的时候，就请责怪英语这门语言吧。

在我们的工作场合中，我们总是在没有充分思考的情况下就进行分类。我们以各种各样的方式对公司进行切分；划分部门、职能、地位和职位。我们对朋友、同事、组员、老板、客户和承包商进行描述。我们甚至把公事界定为"工作"而把其他的一切划分到"生活"范畴。

但是如果我们并没有这样做呢？或者换种不同的方式呢？不同的分类方式究竟会使工作变成什么样呢，更少的分类或根本不分类？或许是时候该重新思考我们分类的方式了。如果我们重新思考了公司内现有的分类方式，那么我们的文化可能会如何改变呢？

关注

语言可能不会限制思维，但是它一定会影响我们必须去思考的事情。

它把我们的注意力指向特定的细节。它促使我们在沟通中必须包含某些信息。

这些必须做的事情是受文化价值和语言系统因素综合影响的，特别是影响理解力的那些规则。同时因为我们在性格形成时期学习语言，当我们成年时这些因素将成为我们的第二天性。我们下意识里会在沟通中用到它们。

这意味着，学习一门语言也是要求我们学习通过稍许不同的镜头去看待这个世界——关注不同的细节。这些调整足以改变我们的观点，甚至是我们的思维方式。

当我们用英语说起一个事件的时间时要使用时态。过去时、现在时或者将来时——我们的语言不容许模棱两可的存在。法语或者德语迫使我们必须具体指出每个人和每个东西的性别。根据所使用的语言不同，即使最简单的信息也会在不同的假设和解读下产生不同的含义。

在英语中，我们是用以说话人为中心的词表达相对于我们的位置和方向，像"左""右""前面""后面"。没错，无论我们何时发出指令，世界都是围绕着我们转的。然而，世界并不全都如此。世界上大约有三分之一的语言使用不变的/基本的地理方位。波利尼西亚、墨西哥、纳米比亚和印度尼西亚的人们使用"东""西""南""北"，无论说话者面向哪个方向，这些方位都保持不变。

导航系统中的差异可能似乎更像是语义学，但是它将一种根本不同的世界观进行编码。

莱拉·布洛狄斯基（Lera Boroditsky）在位于澳大利亚的遥远土著社区波普拉 (Pormpuraaw) 待了一段时间，并发现人们使用方位的方式产生了一些有趣的未曾预料的效果。

在一场典型的交谈中，大约有十分之一的词语是"东""西""南"或者"北"，通常伴有适当的手势。这意味着要正确地说这门语言，你不只需要知道词语，还需要知道基本方位。

如果有人向你打招呼，他们可能会问："你去哪里？"正确的反应可能类似于"'东北'偏北，在中间距离处"这样的回答。但是如果你不知道哪个方向是北，那就只能以一句简单的"你好"将对话草草了结。

花一点时间去仔细地考虑一下。语言使说话者不得不每时每刻都保持定位方向——内部或外部、夜晚或白天、静止或移动、晴天或有雾、熟悉或陌生的地方。如果不这样做，他们甚至都不能进行最基本的信息分享。而且，如果有人惊呼有一只鳄鱼正在从西南方向迅速靠近，如果你不知道自己的方位，就可能会上升为一个"是生存还是死亡"的问题。

然而，这不仅是一个沟通的问题。那种强制性地要求人们不断了解方向的语言，促成了一种在导航能力、方向感和空间认识方面的巨大差异化。

如果一个说英语的人要去学习一门依托于基本方位的语言，我们可能会寻找环境中的线索来帮助我们确定方位。母语人士不会在交谈过程中停下来思考太阳——他们从直觉上就知道哪里是北、南、西和东。

偶然间，一个男人的经历被记录了下来，他告诉朋友们他的船在暴风雨肆虐和鲨鱼出没的水中翻船的时间，以及他游了近五千米才到岸边。不过，比他生存下来更令人惊叹的是他用基本方位重新讲述了这个故事。他描述了从船的西侧跳下去，而他的同伴从东侧扑了下去。他们看到一条大鲨鱼游向北方。

不过，还有更精彩的。许多年后，有人将同一个男人讲述的同样的故事拍摄了下来。不仅在基本方位上与他之前讲述的相吻合，而且指明翻船方位的自发手势也与他在两种讲述情形下的方位相吻合。用他的语言重新讲述这个故事意味着将基本方位编码成为经验的一部分。

我们听着像这样的故事，并且想象着他们是拥有超能力的人。但是对于一个说地理语言的语者来说，这完全太稀松平常了。这并不是超自然的天赋——只是语言塑造了我们关注的东西，就这么简单。

词语的数量和我们使用它们的频率同样揭示了文化价值。

法语是一种赞美食物美味细节的绝佳语言。蒙古语中有一大块是专门用来讨论动物的，鉴于他们牧民的天赋这也就顺理成章了。学习日语包括学习如何根据不同的场合、不同的说话对象和各种不同的文化注解，去用几千种不同的方式说"请"和"谢谢"——这都是出于礼貌。

这就合理了，对于不怎么思考的事情，我们用于表达的词语也较少，而且最后我们容易对它思考得更少。没有任何词语去表达一个概念并不会使得我们不能去思考它；它只是限制了我们的能力，并且使讨论它变得更困难。

那种强制性地要求人们不断了解方向的语言，促成了一种在导航能力、方向感和空间认识方面的巨大差异化。

在工作中，我们想将注意力投入到哪个领域？是人、质量还是创新？将这些价值编码到我们的工作用语中会使我们不得不持续不断地了解它们，从而最终提高我们的表现。

考虑文化语境与直译

或许创造一种真正的共享语言的最大挑战是，在与来自不同文化和亚文化的人、不同语言的母语人士之间进行沟通时，能够确保准确地将意思表达出来。

虽然词语可以按字面意思直译，但这肯定不能保证表达了相同的意思。在词语的翻译方式上，文化背景起到了巨大的作用。像一个母语者一样沟通意味着要去学习独特的文化代码、被编码进语言中的行为和习俗，还有语言本身。

著名日本作家村上春树的固定译者之一，杰·鲁宾（Jay Rubin），他在《纽约客》的一个访谈中曾被要求指出村上春树作品中最没法翻译的部分是什么。鲁宾的回答是："一切。"

对于说英语的人来说，代词"我"似乎是一个简单的概念，但在日语里它有各种各样的形式（watashi, boku[1]），每一种都表达了不同的身份、礼仪和礼节等级。简单来说，就是使用单个人称代词限定意义。

说英语的人很重视具体性，而日语则从迂回婉转中获得美。对于我们来说，按字面逐词翻译似乎是含糊不清和模棱两可的，意思晦涩。然而对于一个说日语的人来说，正是隐晦和不明确才是最重要的。句子中去掉一些词语，通过方言的声调和拟声词来暗示意思。这几乎是不可能用英语再现的——它根本就没法翻译。

诗人查尔斯·西米克（Charles Simic）完美地总结了翻译的愚蠢之处：“（翻译）执拗地用另一种语言的词语去进行表达，但表达的并不仅是一首诗的字面意思，而是一种截然不同的看待事物的方式。"

作家翁贝托·埃科（Umberto Eco）认为可以通过符号学——对标志和符号及其含义的研究，来学习任何一种文化。他提醒大家，当我们没有共享同一种语言、信仰体系或文化时，我们的信息可能被解读成完全脱离我们原本要表达的意思，这个概念被称为"异常解码"（aberrant decoding）。

当我们看石洞壁画时，大多数人都会看到一群野牛在为成功逃脱身后猎人的追捕而欢欣鼓舞，大地在它们的铁蹄下颤抖。然而，心理学家玛格丽特·阿伯克龙比（Margaret Abercrombie）论证了我们对现存动物所形成的文化价值观导致了我们对象形图的异常解码。

使用象形图这种语言的人们有着非常不同的一套价值观。先于纯素食主义者、先于素食主义者、先于农场、先于屠宰场、先于超级市场，他们的生活依靠打猎……和杀戮。如果我们凑近观看壁画中的野牛，阿伯克龙比说，我们可以看到它们实际上是侧躺着的。没错，虽然我不愿意打破你们的幻想，但是她说那些野牛实际上已经死了，或者是累了。

---

[1] 译者注：日语"watashi"和"boku"都是指"我"。"watashi"，成人在正式场合都会用，是最普通的用法。而"boku"，是男性说"我"的时候使用的，小孩和大人都可以用。

是啊。它们只是非常非常累了。或许只是在睡觉，朋友们。

> 没错，虽然我不愿意打破你们的幻想，但是她说那些野牛实际上已经死了，或者是累了。

天啊，我们与各种亚文化的关系意味着我们不仅需要考虑不同的语言和地域文化，还需要意识到要向不同的角色、世代乃至性别去翻译其含义。

佐拉和兰迪构筑安全伟业

我们上一次讨论到佐拉和兰迪，他们正在以三个驱动情绪为基础构筑安全伟业：关怀、勇气和自豪。

现在，佐拉和兰迪在这方面有了大量的经验。他们知道在他们的工作场合中是以男性为主导的，他们更倾向于使用直截了当的技术性语言，偶尔穿插一些脏话。他们也知道如果他们要大摇大摆地在现场贴上关于关怀、勇气和自豪的主题招贴画，很可能会遭遇到一些阻力。

所以他们运用了三大驱动情绪，并且让他们的员工用容易理解的语言去解读它们。他们问员工这三种驱动情绪中的每一种在现场可能是如何表现的，基于它们的沟通又是什么样子的。

这些讨论产生的结果如黄金般珍贵。例如，佐拉和兰迪发现对于他们的工作场所来说，关怀意味着成为团队的一部分，在团队中"没有陌生人"。他们不只将情绪从抽象转化为具象语言，而且将它们翻译为自己员工的白话。他们确保了驱动情绪在他们独一无二的工作环境中是能被理解的。

当"构筑安全伟业"在现场被间接地推出时，非正式语言将每个人紧密联系在一起。它确保了以适当的沟通将改变付诸行动。

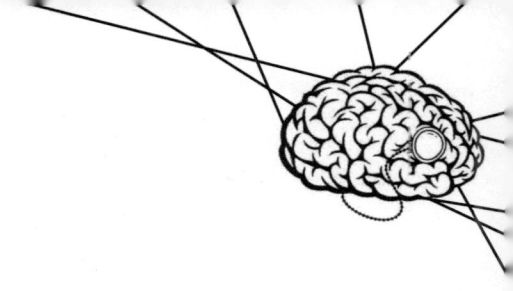

如何说……
语言

建议 20：塑造共享语言

共享语言在影响观念、改善某些领域的表现和加强文化方面具有很多可能性。这不是一个权宜之计或轻而易举的事。它需要时间和不断地培养，但是任何愿意投入时间和精力的人都会获得回报。

为了塑造共享语言，我们可以：

- 为我们的文化价值编码。我们需要合适的词语去沟通重要事项。

- 确保我们的技术性语言、专业行话和首字母缩略词能够提升速度和理解，而不是造成困惑。在有必要的地方改变用词。

- 确定我们想要关注的领域。它可能是员工、顾客、安全、成功、质量、合作或创新。将这些领域融入我们的语言中会吸引我们的注意力，影响我们的观念，从而改善表现。

- 思考并界定我们对事物进行划分和组合的分类方式。把事物放进相同的分类中会使我们认为它们是类似的；把它们置于不同的分类中会使我们不得不认为它们是独特的。在企业中充满了分类，但是它们并不一定是板上钉钉的。我们能够重新界定分类，从而改变人们的观念。当它们对我们没有帮助时，我们可以避免在传递信息的时候用到它们。

- 为重要的文化元素创造隐喻。将一种概念和另一种联系起来，能够影响我们对它的思考方式。在一些例子中，我们可能需要破除典型的隐喻（像是时间和金钱）去改变人们的观念。
- 通过用共同文化代码创造共享语言来培养归属感，但是允许不同方言的存在。对于语言没有一刀切的方法，但是要顾及方言以避免加强差异性和使现有的分歧恶化。
- 警惕为企业价值观设定的一套口号、行为准则和口头禅。它们能超出我们的意愿而迅速转化为行为。
- 让它顺其自然地发展。我们不能只是通过强迫人们使用一本品牌手册或文化指南而使他们不得不明天就去使用一整套新的语言。我们需要循序渐进地、小心翼翼地去推行它，让它有机地生长。语言通常是被领导们指导的，但是每个人都能够影响它。

建议 21：有效地翻译

翻译对于全球跨文化交流是至关重要的，但是它可能只适用于不同的世代、专业乃至性别。在沟通我们的目的、愿景、价值和使命时，它尤其重要。

为了实现有效地翻译，我们可以：

- 基于不同的文化代码和背景去理解不同的文化和亚文化、性别和世代的翻译含义。
- 推开过去的逐词翻译，沟通意图和含义。这意味着要了解每种文化/亚文化是如何诠释概念的，并相应地调整我们传递的信息。这可能意味着要产生多种信息，每种信息都可能使用非常不同的语言。
- 理解我们的语言风格会影响我们的感知方式，以及我们看待他人的方式。我们需要根据受众来调整自己的风格。我们还需要超越自己的偏好来公平地评判他人。

方式

方式匹配信息的好处

人类最美好的一面，大概是我们的种群分类使绝对的多样性成为可能。如果猎豹有条纹你就该叫它老虎。如果在马身上画条纹，你就要叫它斑马。然而对于人类，却不是这样。

噢，人类这一专有名称可能包含了各种各样的特征和特点。这一物种有着几乎无限多样的形状、大小、颜色和构造。由于所有这些差异的存在，如果让你去假设一个让每个人都感兴趣的、通用的、一刀切的沟通方式，那么你可能会抓狂，不是吗？然而，这正是典型的工作场合中的沟通方式。相同的媒介、相同的信息、相同的方式，复制和粘贴到整个公司。

有效率吗？的确有。但有吸引力吗？或许我们可以做到更好。

为了用人性化的方式沟通，获得关注度、影响力并且吸引周围人们积极参与投入进来，我们需要了解各个信息传递方式在影响沟通方面细微却重要的差别。在什么情况下我们更愿意敲击键盘写一封电子邮件，而不是站在演讲台上去发表演说？了解何时和如何使用各种对我们有利的方式是一项至关重要的技能。

方式可以成为获得关注的捷径

仅仅为我们的信息选择合适的传递方式，就会增加获得他人关注的机会。给别人发送一封啰唆的工作上的电子邮件，可能产生的最好结果是被粗略地浏览一番，而最坏的情况是完全被忽略掉。在信息发布平台发送一条即时文本信息可能是一种确保人们看到并确认信息的好得多的方式。这是一个显而易见的例子，然而它证明了选择适合的信息传递方式所产生的影响。

方式大有影响

每一种方式都具有固有的优点和缺点。将传递方式与信息正确匹配能增加建立沟通和产生影响的可能性。比起好多页的备忘，丘吉尔振奋人心的演讲更有可能让人们行动起来。相似地，通过电话沟通也不是指导人们如何使用一台复杂设备的最佳方式。

我们使用的方式塑造我们的公司

设想一下，试着只用传统邮件去构建一个敏捷的、快节奏的企业。白费力气！我们的沟通方式不仅帮我们获得关注或影响，还塑造了我们企业的运行方式。

口头语言

下次当你发现自己正努力活跃一段沉闷的对话时，可以想想这样一个有趣的事实：早在文字诞生之前，人类就已经开始说话了。在 150 万至 190 万年前游荡在非洲各地的早期人类的骨头中，可以找到人类说话功能的证据，而最早书写的例子通常被认为是苏美尔人，可追溯到相对较近的公元前 3200 年。

即使现在，我们对说话还存在一种偏见。我们在学习读或写之前先学习说话，并且大部分孩子到了 3 岁就可以足够流利地使用一门语言去沟通，尽管大多数人在接下来 15 到 20 年里都没有任何有趣的内容要说，只是在说而已。

虽然在大多数发达国家中识字率已经有所提高，但全球人口中仍有大约 14% 的人仅通过说话进行交流。

相比于其他方式，对话是我们更喜欢的沟通和联系方式。即便是我们当中最内向的人也会不情愿地喜欢一场像样的聊天。

进入到技术领域，脱口而出的口语通常是简练的，7 到 10 个字地迸出来。它是即时的而不是经过深思熟虑的，这就是为什么如果在不经过思考的情况下，即使是最聪明的人也会说出不那么明智的话。口语通常令人愉悦地松弛和随意，充满了重复、不完整的句子、自我更正和中断。

在书面语中，为了清楚明白，我们用空格将词与词进行分隔[1]，但很少有人在随意交谈中也表达得如此明白。为了速度和流畅度，我们将"你吃过了吗？"（did you eat？）含糊地用非常不同的发音说成"吃没？"（jueet？）。没错，我们可以把从嘴里说出来的话写成一种全新的语言（speshly inastraya）。因此，口语交流通常让人感觉没有书面沟通那么正式，除非我们写下来的与发音近似。

通常，因为说话还包括了至少另外一个人（除非你喜欢偷偷摸摸地自言自语和独白），来自另外一个聆听者的不断反馈会影响我们接下来要说的内容。这使我们弄明白当下情形并相应地调整我们的沟通。我们能够通过阐释说明来确保达成理解。

---

1 译者注：此处指英语单词。

说话在很大程度上还依赖于未说出口的内容和共享的知识。我们什么时候和在什么地方进行交谈会产生不同的影响。我们可以将内容保留不说或间接地对内容进行暗示。

在所有沟通方式中，口语天然地容许信息存在最细微的差别。它不只与信息有关，还与我们传递信息的方式有关。我们仅通过说话的方式就能决定我们的信息是如何被解读的，一种口语和身体语言的结合，被称为"副语言"（paralanguage）。

姿势、腔调、抑扬顿挫、重音、音量、节奏、语速、音高、音调、停顿、动作、视觉提示、时机和音色——都表达了额外的背景、含义和情绪，比信息本身传达了更多的内容。

通过快速并充满活力地把词语串起来这种方式，我们能够表达迫切或热情。我们可以放慢速度去营造一种放松或深思熟虑的气氛。我们能够通过用更长的句子和包含更多的想法这种方式，形成一种审慎的、有条理的风格，进而表现可靠性、权威性和专业性。

"邦德……詹姆斯·邦德"这一缓慢而有节奏的表达绝不是偶然的。他的话语之间产生停顿，表达了一种可信性。他在最后一个音节将声音转向低沉来表达自信和能力。一点苏格兰咬舌音更是锦上添花。

最后，口语的本质意味着一旦开口说话信息就消失不见了。口语远远不及书面语那般永久化，除非用视频或音频记录下来。我们忙忙碌碌并且被各种事情分散注意力，因此，我们的记忆容易犯错，从长远上来看，这使我们不太可能准确地记住口语内容。

口语的优点：

- 建立沟通联系和培养关系
- 传递有细微差别的意思和情绪
- 通过读取回应，快速地调整信息

口语的缺点：

- 暂时性——如果没有被记录下来就可能会被遗忘

- 容易意外地说错话

简要提及未说之话

让我们不要对未说出来的话太过苛刻。据估计，有80%到90%的意思是由非言语方式传达出来的。它们是对口语进行补充的各种信号，为我们所说的话增添意思和背景。

非言语方式可以用来加强或反驳我们说的话，表达情感，定义我们与谈话人之间的关系，当别人说话时给予反馈或控制谈话节奏。

这种沟通常常是本能的，并且远远比我们的言语更难有意识地控制。与一个人可能会说的话相比，非言语沟通更准确地表达了一个人的想法和感受。你话里说的是一回事，而你脸上表达的却是另外一回事……

是的，事实胜于雄辩。

非言语沟通包括身体动作、面部表情、身体姿势、手势、眼神交流、触觉、空间关系（距离）、生理变化以及呼吸。

虽然所有这些都很重要，但呼吸是重中之重。它暗示了我们的情绪并影响了我们的心态。高频的、浅表的、急速的呼吸能释放驱使我们产生"战斗或逃跑反应"（fight-or-flight response）[1]的化学物质。这种呼吸一般与紧张、焦虑、生气或兴奋等情绪联系在一起。相反，更缓慢的、更深的呼吸使我们放松并传达信心。

"身体语言"（body language）这一术语是靠不住的，因为它只包含了一小部分非言语沟通。不像手语（sign language）这种能够进行全方位沟通的完整语言系统，我们可以对身体语言进行开放式解读。

虽然一些非言语沟通方式是通用的，但其中许多在不同国家和不同

---

[1] 译者注：战斗或逃跑反应，是1929年美国生理学家怀特·坎农所创建的理论。他发现机体经一系列的神经和腺体反应产生应激，使躯体做好防御、挣扎或者逃跑的准备。

文化背景下的含义并不尽相同。在许多西方文化中，眼神交流被认为是值得信赖的标志，但在一些土著文化中它被认为是无礼的。

唯一能勉强达成的共识是，普遍来讲，在我们的表达中有 7 种情绪是显而易见的：快乐、惊讶、害怕、愤怒、轻蔑、厌恶和悲伤。不过，最近有证据表明，骄傲与羞耻这两种情绪可能也是通用的。

未说之话的优点：

- 表达情绪——强化我们的言语
- 添加背景和意义——巩固我们的言语
- 使我们不用说话就能够不断地给予反馈（点头、歪头、摇头）
- 控制交谈节奏
- 定义我们与他人之间的关系
- 能够用来解读他人的真实感受——比他们的言语更准确的表达方式

未说之话的缺点：

- 当我们不相信自己所说的话时可能会让他人察觉
- 可能由于文化差异而容易产生意料之外的错误传达

正式演讲和口头语言表现

有史以来，故事、歌曲和礼仪都被口头传承而得以保留下来。然而即使如今识字率更高了，我们仍然热衷于口头语言表达的传统，比如演讲、戏剧、新闻和讲故事。

虽然正式演讲和口头交谈可能感觉差不多，但实际上演讲和书面语言有着更多的共同点。像书面语一样，演讲往往会面向更广大和更多样的受众进行传播。这意味着与口头交谈不同的是，我们需要建立沟通背景和共同点。

相比随意闲聊，演讲还必须更加准确明白。说出去的话，泼出去的水（这一点非常不幸）。所以，虽然我们事后能够道歉、补充或解释，但最好还是在一开始说话前就保证它们的准确性。

有效的演讲通过引人入胜和存在细微差别的言语表达，平衡了书面用语的简明扼要和字斟句酌。

正式演讲的优点：

- 当完成得好时就会达到扣人心弦和引人入胜的效果
- 作为一个群体而拥有聆听同一条信息的共同经验
- 刺激、鼓励或推动团队向共同目标行动

正式演讲的缺点：

- 如果说错话就得尴尬地澄清或道歉
- 容易产生错误的解读
- 需要明确地写下来并很好地表达才能使它们具有吸引力

书面语言

与演讲相比，书面语言是更加字斟句酌的、经过深思熟虑的、审慎的沟通方式。它具有简洁的、精确的和充满细节的可能性，但也要求我们付出关注和精力去阅读、思考和加工。

作者（们）（这里指我们）能够通过撰写和重新撰写内容来准确地实现我们想要达到的效果。读者（这里指你）可以选择快速地阅读或慢慢地阅读，停下来思考内容，或为了弄明白内容而重读。这样，无论是作者还是读者都能控制节奏。在相同的曲子下，我们却按照截然不同的拍子翩翩共舞。

因为我们在这里而你在那里（无论"那里"是哪里——我们希望是在热带的某个地方，鸡尾酒杯上插着小小的、五颜六色的装饰伞，充满了节日的气氛）……我们说到哪儿了？噢对，因为我们很遗憾地被时间和空间分开，背景就变得很重要。对于那些可能没有和我们共享相同背景信息或知识的受众，我们需要明确背景，才能确保将意思准确地传达给他们。鉴于书面沟通可能会流传几世纪，这一点则尤其重要。[拽衣领大口吸气]

与交谈不同的是，书面语言的反馈是延迟的。我们无法要求或提供即时阐释，也不能保证每个人都读懂了我们真正要表达的意思。这意味着为了保证重要的内容能够被理解，我们需要做到清楚和明确。

大家通常感觉书面语言比口头语言更正式，其中部分原因是它比口头语言受更多规则和传统的约束。口头语言在传递上会有更细微的差别，而书面语言则依靠标点、层次、结构和视觉元素去帮助理解和表达意思。这种标准化使我们能够理解15世纪的书面语言。

但是，这种正式不仅是因为结构才产生的；它也是从很久之前遗留至今的产物。

在过去几个世纪里，识字率比现在低多了。只有受过教育的上流阶层、专业团体、政府和大学里才使用书面语言进行沟通，而且他们往往会边说边写——以正式的形式。与此同时，大多数的工人阶级几乎不能阅读，更别提写字了，因此他们倾向于使用口头说话的方式而从不将其转化成书面语言。

然而，如今情况变了。和一个世纪以前相比，我们的工作场合中的识字率有了大幅提高。这个改变加上新的信息传播形式，带来了一种向非正式发展的可喜趋势。然而，高等教育仍然反复给我们灌输正式的、学术化的书面语言形式，而且，几个世纪以来，企业一直持续使用正式的书面文体。我们经常听到他们将其辩称为专业的。我们可以简单地称它为无关紧要的。😏

我们不再仅仅为了学术和上流社会而书写了——我们为人而写。当我们和朋友们交流时，几乎没有人选择使用正式语言。如果想用我们写的东西顺利沟通，那么它就应该赞美那些令人愉悦的、存在于大量日常用语中的口语化和非正式语言。

最后是电子邮件。当涉及工作中的沟通时，它可能是我们听到的唯一最大的抱怨。问题在于人们往往把它当作传统书面语言一样对待。从冗长的技术内容到简短的非正式文字材料，它经常被当作笼统的解决方案，用以沟通所有内容。

> 在相同的曲子下，我们却按照截然不同的拍子翩翩共舞。

如果每次想要发送信息时都必须真的掏出纸和笔，或许到了那时我们就会对我们的措辞变得更加挑剔。有必要思考一下我们在邮件里分享了什么，以及我们用其他的传递方式和媒介分享了什么。

书面语言的优点：

- 沟通细节的或深入的信息
- 能彻底改变风格去区分或吸引一个特定人群
- 允许收件人为了理解内容而按照自己的节奏去阅读/重读
- 提供书面记录

书面语言的缺点：

- 要求付出时间、精力和关注去消化和处理内容
- 对许多人来说，让人感觉更正式，但是吸引力较弱
- 由于反馈是延迟的，因此不能确保理解

发简讯、短消息和异步通信

随着新技术的发展，简讯发送出现了，它使一系列沟通媒介成为可能：发送文本信息、SMS（短信息服务）、IM（即时通信）和像WhatsApp和Messenger这样的聊天平台。这也是第一次，我们几乎能够像思考一样快速地制作和发送书面信息。

朋友们，我们写信不用再等一周后才能送到了。我们通过共享背景和获得即时反馈来达成同步。如果你认为所有这些看起来很像口头语言——那你正好说到点子上了。没错，尽管都是书面媒介，但实际上，

相比于正式书面语言，发简讯更接近于说话。

语言学家约翰·麦克沃特（John McWhorter）把发简讯描述为"指尖语"（fingered speech），它毫无疑问像口头语言一样具备诱人的不受约束的优点：公然无视像标点符号或大写字母这样的传统惯例，充满着缩写、反常规和其他令人深恶痛绝的语法问题。我们有着交流的渴望，但要控制在我们自己的节奏里。

然而，虽然我们的祖父母们都充满热情地积极适应改变，但许多企业仍然还陷在"前简讯"的泡泡之中。我们并不是在倡导语法上的无秩序状态，但现在是时候该改变我们对书面沟通应有的观念了。

这意味着敞开胸怀拥抱新的异步沟通媒体，比如 Slack、Yammer 和在我们写作和你读到这本书期间已经涌现出来的无数其他媒体。这意味着以它们原本的应用方式去使用它们。在工作环境中松开缰绳可能会让你感觉奇怪，但是你只需要查看一下来自银行或电信公司的自动短信息，就可以看到这种具备完美结构的语言形式有多么奇怪和不自然。与朴实温馨、不那么严肃的口头语比起来，它的风格如此冷漠、没有人情味，令人不悦。

发简讯与短消息的优点：

- 快速整合在一起并即时发送——非常适合快速的、非正式的信息
- 不受约束的和口语化的——易于消化
- 促进交谈而不是单向通信

发简讯与短消息的缺点：

- 短暂的——容易让收件人错过重要细节
- 不适用于细节丰富的信息

视觉语言

视觉语言是书面的，但从典型意义上来说它并不使用单词或词语。

这种语言已经跨越了几个世纪和各大洲，能够在洞穴壁画、古代苏美尔楔形文字、埃及象形文字、玛雅文字、中国汉字和各种土著文化（包括澳大利亚和美洲的）中找到它们的踪迹。

如今，我们目光所及的任何地方都存在视觉语言系统，从标牌和包装到互联网和移动设备。我们生活在一个快节奏的、日渐缩小的世界中，在这里，视觉语言能使我们迅速地、简单地、清楚地和明确地传递信息和想法。它们超越了地理和读写的障碍。

许多系统已经实现了标准化，成为真正的通用语言。一些概念与某些符号已经如此紧密地联系在一起，以至于它们不用文字就可以表达意思。十字架、万字符、双蛇杖（医学符号）、骷髅头和交叉骨图形——这些符号包含了几个世纪的意识形态和情感。

有几种常见的视觉语言类别，尽管它们之间的界限通常是模糊的。让我们来详细地看看每一个类别。

意音文字（Logograms）

意音文字是表示整个词语或短语的抽象符号。

汉字是汉语、日语和韩语使用的书面语言，它由 47305 个意音文字组成（虽然一般人只使用 4000 到 5000 个）。

如果还没搞懂这个名称的意思，其实意音文字在企业界中通常被称为商标（logo）。它们经常被用于品牌建设，来建立消费者识别系统。当我们看到弯钩符号，我们就会想到"Nike, just do it"。当我们看到金色的拱门，我们的唾液腺就开始强烈呼唤麦当劳的炸薯条。

象形符号（Pictograms）

象形符号（或象形图）是切实地描述物体的符号。

它们包括机场导向系统、道路标志、安全和危险标志、回收和废弃物符号，以及衣物护理说明。它们的写实的特性意味着即使我们以前没有见过它们，无论我们说什么语言，我们都能够懂得它们的意思。

形意符号（Ideograms）

形意符号是沟通想法或概念的图形符号。它们可以切实地描摹一个物体，或者使用抽象的形式和色彩。

例如，根据它的使用背景，一个灯泡符号通常代表想法，而一道闪电则代表电或能源。我们知道，任何物体出现在红色圆圈内并有一条线从其中穿过就代表禁止。同样地，我们知道要对所有出现在三角形内的物体保持警惕。

表情符号（Emoji）

当你经常收到你那 85 岁祖母发来的堆满表情符号的电子邮件时，你就知道这种语言系统有多酷了。

从本质上来说，表情符号就是象形符号，与汉字、象形文字或史前洞穴墙壁上嬉戏的野牛并没什么不同。然而，这种发展迅速又相对较晚出现的语言值得特别的关注。

在很久之前，我们的设备还不具有显示"一坨大便"（💩）的图形能力，那时，为了沟通情感，我们不得不打出各种字母、数字和标点符号组合去创建粗糙的图片和表情 ¯_(ツ)_/¯。这些原始的表情符号就是现代表情符号的先驱。

如今，表情符号不仅融入了我们的母语中，而且它本身也正在成为一种合法的语言系统。

语言学教授维夫·埃凡斯（Vyv Evans）将它描述为英国发展最迅猛的语言，而这一点也不令人感到惊讶。表情符号与科技完美搭配，使同时满足即时通信和字符限制的快节奏沟通在社交媒体平台上成为可能。

牛津词典总裁卡斯帕·格拉斯沃尔（Casper Grathwohl）在阐释😂（笑哭表情）被评为"2015年度词汇"的理由时完美总结了表情符号的吸引力：

> 为满足以快速化、可视化为重点的21世纪沟通需求，传统的字母文字正在努力摸索着。丝毫不令人惊讶的是，像表情符号这样的象形符号文本的出现填补了这些空白——因为它具备灵活性和即时性，并完美地将情感注入其中。

即使笑哭表情几乎已经普及了，然而一项由HighSpeedInternet.com进行的调查显示，一个国家第二受欢迎的表情符号可能展现一种更有趣的文化视角。

我们的法国朋友们热爱♡（心），在一个首都被称为"恋爱之城"的国家，这一点也不奇怪。南非人也是充满爱的人，但是他们更热衷的一种爱是😘（飞吻表情）。爱尔兰人对💩（一坨大便）情有独钟。而在澳大利亚我们喜欢用😜（眨眼吐舌头表情）——太怪异了，朋友们。

一条令人担忧的补充：当牛津词典正在为"笑哭表情"庆祝时，美国方言学会宣布🍆（茄子）是他们的"2015年度最引人注目的表情符号"。

说到茄子……像手语或任何其他语言一样，表情符号也很容易引起错误解读。固有的模糊特性使得它们能被灵活运用，但这也意味着在不同年龄群体、不同的文化和不同的国家，对它们会有不同的解读方式。噢没错，18至25岁的人显然不会把无害的茄子看作是适合素食主义者的一个菜单选项。而且表达你对多汁🍑的渴望可能也不能完全准确地传达你原本的意思。[1] 🫠

视觉语言的优点：

- 普遍理解——经常使用的系统，超越了地理和读写障碍
- 快速表达想法和概念
- 沟通情感（表情符号）

视觉语言的缺点：

- 像表情符号一样，在一定程度上仍然可以对一些语言系统进行开放式解读，并且根据人口族群和环境背景的不同而变化

手势语（Manual language）与手势（Hand sign）

手势语通过将我们的身体作为表达手段来直观地表现书面语言[2]。

手语拼写法（fingerspelling），又称指语术（dactylology），使用手指和手去表示字母和数字。它主要应用于聋人教育或与手语（sign language）结合使用，虽然它也被利用规则疏漏的僧侣们使用，以此避免打破他们保持沉默的誓言。

手势和姿势在很多情况下都能代替说话。潜水员使用手势表达想法，因为他们显然不能通过说话来沟通；建筑工人利用它们在嘈杂的环境中进行交流。

用它们进行跨文化沟通充满了无礼冒犯的可能性，然而，也可能导

---

[1] 译者注：在美国，"茄子"表情符号通常代表"男性生殖器"；而"桃子"表情符号通常代表"屁股"。
[2] 译者注：通常使用手、面部和其他身体动作作为交流手段。说不同语言的人们会同时使用手部动作和其他手势来进行交流。

致完全意料之外的结果。

在澳大利亚，我们竖起大拇指表示赞许，但是在拉丁美洲、西非、希腊、撒丁岛、俄罗斯和中东，这被认为是非常不礼貌的。如果你在菲律宾勾手指招呼他人跟随，可能会遭到断手指的惩罚。在越南，食指和中指交叉和竖中指的意思是一样的。在希腊、土耳其、巴西和中东，一个 OK 手势实际上表示一个洞。在英国，和平手势（剪刀手）能引起一场争斗，但如果你对一个佛教僧侣摆出撒旦式敬礼的手势，那么他们会向你微笑摆出一副仁慈姿态以表驱散邪恶。

没错，这些都很容易造成混淆。幸运的是，竖中指在任何文化里都被认为是冒犯无礼的，所以你知道得也差不多够了。

手势语和手势的优点：

- 当由于距离、噪声或环境的因素而无法进行对话时，使视觉沟通成为可能

手势语和手势的缺点：

- 根据人口族群、文化和背景的不同而产生巨大的解读差异

全部转变为双向

这就是魅力所在："沟通"（communication）这个词是由拉丁语 communicare 这一动词演化发展而来的，它的意思是分享。太棒了！"分享"使人联想到一个人物形象，他积极地传播自己感兴趣的信息。

丢掉感觉而转向技术，所有的沟通都要求具备一个发件人、一条信息和一个收件人（或多个收件人）这些要素。只有当收件人不只是收到了信息，而且也理解了发送人的信息时，这个过程才被认为是成功的。

这就引出了一个重要的问题：我们如何知道我们的信息不只是被接收到了——而且被理解了呢？

爱尔兰剧作家乔治·伯纳德·肖（George Bernard Shaw）曾声称"沟

通中仅有的一个最大的问题就是存在事情已经发生的错觉"。这正是问题所在。在工作中有多少差一点发生的沟通一直悬而未决？有多少发信人可能想当然地认为收件人会选择不采取行动或不予回应，而实际上预想中的收件人却从来没有真正收到过或理解发件人的信息呢？

很显然，如果我们的信息没有被理解，那么我们就没有机会去影响任何人。

只有当收件人不只是收到了信息，而且也理解了发送人的信息时，这个过程才被认为是成功的。

保证我们顺利沟通的唯一方式是把它变成双向的。有效的沟通不仅涉及改善我们发送信息的方式；它还涉及改善接收信息的方式。在倾听时我们学到的东西，当寻求回应时我们改进的方法，以及当我们展开对话时人们回应的方式——这一切都太美妙了。

我们选择的沟通方式对实现这种类型的互动有很大的助益。

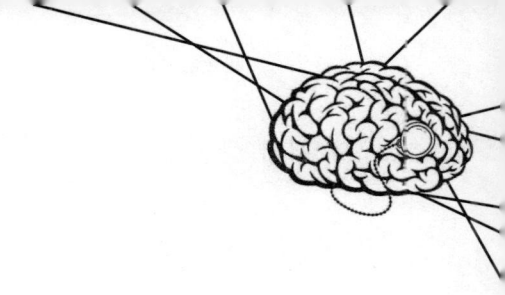

如何说……
方式

建议 22：改变观念

我们需要成为共情专家、识别大师，并迎合他人的喜好。这就是我们创造能够实现联结和共鸣的沟通的方法。

为了改变观念，我们可以：

- 首先，了解在我们的企业内部有着各种各样的群体，而每一个群体都有自己独一无二的特点和喜好。
- 明确地知道我们每次是在与谁沟通。
- 利用像创造一个人物形象这样的活动来帮助我们了解意向中收信人的喜好。
- 必要时，提供不同的信息内容去吸引特定群体。可以使用不同的语言或媒介去传递同样的信息。某些内容可能对一个群体重要，对另一个群体却微不足道。
- 当要决定使用哪种沟通方式时，权衡它们的优点和缺点。
- 对语言发展的方式保持好奇，从而相应地改变我们的沟通方式。这正是我们实现顺利沟通的方式，特别是在与年轻一代沟通时。

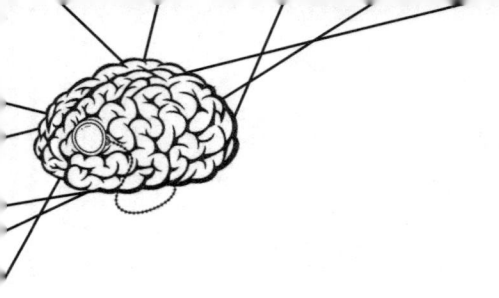

建议 23：转变为双向

只要有可能，请把沟通方式变为双向流动的。这帮助我们确保信息能被顺利接收和理解，同时确实有机会能做出改变。

为了把沟通方式转变为双向的，我们可以：

- 建立一种沟通节奏。它们是积极主动的、由文化驱动的程序和触点，而不是仅在我们想要人们做某事时才分散地发送信息。这种节奏使对话成为可能并且建立关系。它并不是篝火晚会和一起唱《欢聚一堂》，它关系到保证每个人都步调一致，而且使我们的信息相互联结。
- 鼓励并创造回应我们的信息的机会。这也许意味着利用一种双向渠道，或者在我们的计划中建立反馈触点。
- 提出问题而不是发表态度。问题开启对话；而表态则抹杀了做出回应的机会。
- 投入到积极聆听中去。提出问题来寻求更进一步的阐释，并且通过重组和重复来表示我们对所听到的内容的理解。

当心……
为平庸找的众多借口

没错，当你设法"说人话"时会面临各种阻力。

人们有众多借口去辩解为什么不能这样做，为什么不应该这样做。你还会听到为使用"商务用语"辩护的一番谬论。与其他任何一种语言形式都不同的是，终有一天，这种生硬的企业文体会因其古旧的形式而让语言学家们感到困惑。自19世纪和20世纪之交起，正式演讲和书面语言这些讨厌鬼存在的目的，明显就是为了使人们困惑。

没错，如果你曾设法让沟通变得不可预测，那么你没有成功的原因可能是以下几项之一：

法律：我们必须像这样说……

品牌建设：按照我们的品牌指南，我们要像这样说……

复杂性：它太复杂了或技术性太强了，以至于不能简单地解释为……

成本：我们没有时间或预算去实现更好的沟通……

传统：这是我们长期以来的沟通方式……

畏惧：我们不能冒风险像这样说……

专业主义：我们需要以专业的方式进行沟通……

说得直白点，这些都是极其糟糕的借口。无论是法律文本、政策手册还是企业战略，如果想要获得关注度、投入度和影响力，我们就需要"说人话"。

因此，让我们更详细地分解这些借口，并以一套应对策略来武装我们自己。

法律

"我们必须像这样说……"

许多企业都还保持一种热情友善的口吻……而当涉及合同或公司政策时一切都变了，到那时气氛就变得极其正式。但是为什么法律语言就要把所有的个性都消除殆尽呢？

我们从来没有碰到过任何一本法律手册中的任何一处明确指出要使用过度音节化的、充斥专业行话的、没有人情味的语言。"法律就是要求如此这般长篇大论的华而不实"，这种假设恐怕只是旧时公证人按字数收费这一古老传统的遗留物。不用说，在能够拿到更多钱的诱惑下，会有更多的冗词赘语接踵而至。

因此，除非是按字收费，否则我们就要以一种完全崭新的方式不受束缚地去处理法律方面的沟通。给我们，以及在法律事务上为我们提供建议的老兄们的挑战是，将法律、法规和政策转化为与我们的企业相匹配的明确而简练的语言。

没错，让我们将字数统计抛诸脑后，进而关注有关理解和参与的问题。这里有一个绝佳的机会去创造更好的沟通——只是通过改变法律用语就可以做到。

品牌建设

"按照我们的品牌指南，我们要像这样说……"

大多数的公司都有品牌用语指南，用不同程度的热情对品牌竭力进行鼓吹。在指南中他们选择使用直接的词语、语气、词汇和态度。它们通常是由品牌和广告代理商制定的，通过与其他企业进行界定与区隔而几乎仅仅是对外部市场起到影响作用。

虽然我们也支持无论是内部还是外部品牌都要保持一致性和统一性的观点，但是这些品牌指南往往成了既定的"规则"。作为一个呆板的、一刀切的内部沟通方法，它们被翻来覆去地使用，以完全相同的方式进行说教，日复一日，最后不可避免地逐渐淡出，沦为"嗡嗡"的背景声。

无论企业沟通部门多么卖力或频繁地向员工们进行强制灌输，然而真正的沟通并不来自品牌或文化手册。没错，语言来自领导者们，也来自企业成员们。它存在于员工彼此之间的、与顾客的、与委托人的日常沟通中。它不可能被完全掌控在一个品牌代理商或单一部门的手中——它的存在和发展遍布于整个公司。

复杂性

> "它太复杂了或技术性太强了，以至于不能简单地解释为……"

记住，复杂并不是真正的问题。这个世界是复杂的，人类是复杂的，生活是复杂的，工作是复杂的——一切都是复杂的。我们每天都在处理复杂；幻想着我们能够或应该通过删除细节来解决复杂性，那就太天真了。那只是通过剥离使之有用的功能来简化问题。

真正的问题是困惑。

幸运的是，实际上"简易"是出乎意料得简单的一件事。最枯燥乏味的技术信息也能变得简单易懂；最无聊死板的法律文件也可以变得合乎趣味。把事情变得简单易懂，那么它们看起来就简单了。而当事情看起来简单时，它们也会变得越发有趣，更具有吸引力和影响力。

成本

　　"我们没有时间或预算去实现更好的沟通……"

　　朋友们,这一点我们没有办法掩饰——要想实现更好的沟通,几乎必定要投入更多的精力、更多的时间以及很可能更多的钱。

　　但是如果无论你说什么都没有人在听,这又有什么意义呢?如果没有人将我们说的话付诸行动,那么付出的所有努力从根本上又有什么意义呢?只要再额外投入一点点努力就可以在赢得注意力和提高影响力方面带来巨大的改变。谁也无法否认,平庸的成本更高。

传统

　　"这是我们长期以来的沟通方式……"

　　沟通正在改变,语言正在改变,企业正在改变,人们正在改变。在今天保持领先意味着在未来占有一席之地。我们必须发展——坚持不懈地发展。

　　这意味着摆脱传统的束缚。让我们使沟通的改变成为可能,思考新的方式去建立沟通并激发下一代带领我们的企业向前发展。

畏惧

　　"我们不能冒风险像这样说……"

　　就各种挑战而言,畏惧是我们所能够看到的在领导层面的最大障碍之一。畏惧与众不同、畏惧走出舒适区、畏惧失败、畏惧得罪他人、畏惧人言、畏惧责任、畏惧他人犯错、畏惧改变、畏惧自己变得无关紧要。无论表面上用什么来伪装,通常都会回到畏惧这一根源上来。

畏惧是造成许多毫无必要、层层叠加的困惑和复杂化的罪魁祸首。当领导们以含糊生硬的企业用语伪装自己时，我们就看到了畏惧——自我保护、辩解、踢皮球。忽略、牺牲常识而过度依赖系统流程。用令人头脑麻木、枯燥而又晦涩的文体撰写无穷无尽的政策和流程。

当我们经过各个层级时，这种困惑会成倍提升，因为每个职能部门都试图保护自己免遭风险和问责，或试图去掩饰自己的理解匮乏。这也难怪为什么当我们通过各个层级与意向对象取得沟通时，留给我们的就只剩下臃肿的方法和策略，而所有的人性化的东西都被删除殆尽。这并不是有效的复杂化，因为它没有添加任何功能或目的——它只是困惑而已。而且如果人们产生了困惑，他们就失去了兴趣并且变得很难参与投入进去。

我们明白实践要远远比理论更具有挑战性。没有任何一种畏惧是不合情理的，准许用不同方式处理问题的文化——或者即使是光荣地失败了——来自领导层。但是我们合作过的真正卓越的领导们是这样一群人：他们将畏惧抛到脑后。他们积极地去做能促进改变的事情。他们让一切回归到真正重要的事物上：人。

> 畏惧是造成许多毫无必要、层层叠加的困惑和复杂化的罪魁祸首。

专业主义

> "我们需要以专业的方式沟通……"

在所有的畏惧中，这一点值得特别关注。

"专业"（professional）这个词——同义于扼杀创造有趣、积极投入、促进改变和人性化工作的希望。它是对诚实话语的贬低，是对明哲保身的借口的滥用，是对安于舒适现状的自鸣得意，以及全力支持信仰和为卓越而奋斗的勇气的匮乏。

"我们需要鼓励员工们，但我们需要用专业的方式。"

这种措辞方式就好像人性化和专业化是相互排斥的。这也是众所周知的问题。但是从什么时候开始，我们竟把精力都放在这些专业主义这样的抽象概念上了呢？

让我们从"专业"（professional）这个词的诞生开始说起。这个词诞生于 17 世纪的某个时候。它的词源是这样的：来自中古英语，词根是 profes，形容词，指公开表示（profess）一个人的誓约 [后面是一些关于"公开表示"在各种语言中难懂的内容等等]，后期拉丁语[1]professus [等等句子，与 profitēri 的过去分词有关（我认为这部分内容与专业化丝毫不相关）等等等等]。

夹在那些晦涩难懂的拉丁语和过去分词内容中间的，是一个简单得令人愉快的概念：作为一名专业人士，你致力于通过向别人讲授你的技能来实践你所学的专业。

如果我们将字典翻到"专业"的定义，我们会看到类似的描述：

1. 与一个职业有关或属于一个职业的。

2. 从事某种特定活动，把它当作一个人的主要有偿职业，而不是作为业余爱好者来从事这项活动。

属于某种职业，做你自己的工作，纯粹而又值得尊敬。关于"专业"，仍然没有什么不可告人之处。

哦？是吗？

很显然，我们并非生活在 19 世纪——我们那时还只是高曾祖父母下半身蠢蠢欲动的欲望。然而，所有证据都表明，维多利亚时代的人是对"专业"的名誉的亵渎者。

戴上你的苏格兰帽或高顶礼帽——我们正快速绕回到 19 世纪的伦敦进行查证。想象一下这样一幅画面，一根根插在低矮砖厂里、吐出团团黑烟的烟囱勾勒出一道天际线——我们正处于工业革命时期"轰隆隆"

---

1 译者注：指公元 2 世纪到 6 世纪的拉丁语。

作响的铁肚中,那里正在发生着翻天覆地的变化。有史以来第一次,土地和姓氏不再是财富的唯一来源。正是现在,任何有抱负和想象力的人都有可能从生产制造和商品贸易中创造财富。

随着这些新产业的发展,新的职业纷纷涌现,许多职业要求正规的教育和培训。虽然在词源或定义中没有如此明确表示,但专业与大学教育成为同义词。相反,学徒和在职培训被称为手艺、技能或技术。

这听起来可能像纠结于语义而产生的不必要的大惊小怪。然而,因为与受过大学教育联系在一起,白领职业将专业的意义牢牢地灌输给维多利亚时期的中产阶级。而且,对专业的曲解正是由此开始的。

随着新近受过良好教育的人和新贵阶层的涌现,中产阶级的规模和影响力都在迅速提升,而"老"中产阶级对此却并不开心。阶级界限变得越来越重要——对于像律师和医生这样受人尊敬的、已经得到认可的专业人士来说,这是一种将他们的社会等级提升并凌驾于"新"商人和技术统治论者之上的方法。

与此同时,那些从卑微起点爬上来的人时刻担心阶层融入的问题,因此,他们将自己的不安隐藏在彰显绅士派头的全套装备之下。他们拥有豪宅和精美洋装,但还总是害怕被同阶层的人们发现破绽。

在这一时期,维多利亚时代的人认可专业,并在它的后面加上"主义"(-ism)二字。听起来没什么大不了,但是这两个不起眼的字却制造了过度的差异化。突然间,仅仅从事一项专业已经不够了。这不是一个专业与否的问题了——专业主义创造了一个连续统一体,通过它能够衡量你的重要性,而且能够与他人进行比较。

一个人所受的教育和具备的资质(在哪里获得的,以及具体内容)、头衔、职业、收入、住址、衣着、举止、财产,甚至是专业的性质,都决定了他专业主义的水平。

如果这听起来似曾相识,那就应该如此。我们现在有很多专业主义概念——沉迷于资质、礼节、举止、语言、衣着、地位、实利主义,以及照本宣科的保守本质——可以一路追溯到维多利亚时期的中产阶级所追求的目标。

整个20世纪，因为新近专业主义概念的再度出现，情况的确有愈演愈烈的趋势。20世纪80年代到90年代是人力资源部门的黄金时代，它准确地总结了当时企业对内部员工的看法。

管理层大多与他们的"人肉资产"保持一定的距离，他们通过躲在办公室角落中、西装领带后、巧妙难懂的缩略词背后以及公司礼仪一本正经的面具之下来保护自己。其中的许多领导是以企业饰面的政治掮客：没有人情味、难以接近以及不容失误。他们仍然错误地将关注点放在维多利亚时期专业主义的标志物上：跑车和时髦的套装。专业就是优先权，人性化处于中断状态。

之后事情发生了变化。

如果被给予充分的时间，几乎一切都会改变。在这种情况下，对专业主义的态度即使发生最轻微的变化，这种变化也能撼动整个精神大厦。新一代人带来了转变，随之而来的是截然不同的理念。

看一看科技公司或初创公司，你就能彻底了解什么是对专业主义崭新的诠释了。在这些公司中遍布着一种轻松的、灵活的态度，它们塑造了从服装、文化到工作时间再到奖励机制等等所有的一切。办公场所是开放式的——用这种设计来鼓励合作。领导们不再被安置在楼上单独的办公套间内，而是下来与大家一起在"战壕"中工作。

没错，闯入董事会议室咆哮着生硬地宣布命令然后转身离开的日子已经一去不复返了。单向的、自上而下的、不容反驳的"照我说的做"的日子已经过去了。管理年轻一代人意味着别人能和你取得联系，要平易近人，促进对话和协作，并给予持续的反馈。

我们变了，变了许多……

我们已经从取得巨大成功的"人力资源"时代匆匆进入一个"人、领导力和文化"的时代。这是对"真实"的复兴。人性回来了……

然而，许多企业还在顽固地背负着来自上上个世纪的思想包袱。一些领导仍然和维多利亚时期的人一样执着于礼仪和专业主义。"专业"从一个尽已所能的简单承诺，发展到一个在现代工作场所中苦苦纠结于意义的概念，它被管理者有选择性地故技重施，用来寻求当下的安全。

因此，让我们返回到过去吧——过去的专业主义，回归专业，那时候，从事专业对我们来说是第一、第二和第三重要的事。作为领导者，我

==单向的、自上而下的、不容反驳的"照我说的做"的日子已经过去了。==

们的工作是要带头使用能实现最佳效果的沟通手段和形式，不管用什么方法——即使是分享一个猫咪动态图或者使用 Snapchat[1]，让"专业主义"见鬼去吧。

实际上，我们不需要降低专业程度。恰恰相反，我们需要做的是重新校准现代企业对专业的定义，并为我们工作环境中的互动注入更多的人性。

因此，对于"专业主义"这个和现代工作场合极度缺乏相关性的术语，首先让我们来重新定义它。为了便于思考，让我们将专业主义进行重构：

- 表现：以最高的水平做我们的工作（非业余）
- 适应性：关注那些对我们的企业/品牌、企业文化、社会文化、产业和职业来说重要的和合适的事情
- 领导力：为他人提供愿景、价值、工具、信息和环境，来帮助他们将自己的能力发挥到极致
- 人性：绝对、绝对不要以牺牲人性为代价

没错，竭尽所能做好我们的工作——这就是专业。

---

1 译者注：Snapchat 是由斯坦福大学的两位学生开发的一款"阅后即焚"照片分享应用。利用该应用程序，用户可以拍照、录制视频、添加文字和图画，并将他们发送到自己在该应用上的好友列表中。

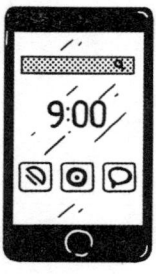

时间、潮汐和改变的必然性

就像潮汐和缴税是亘古不变的一样，不断向前的时间也是如此。同样可以确定的是，沟通也在不断地发展。

在这些转变中，技术通常扮演了重要的角色。像即时通信这样的沟通媒介和有字符限制的社交平台，它们促成了字首组合词[1]、首字母缩略词[2]和表情符号这样的全新视觉语言系统的迅速发展。在那之前，是电话影响了我们的对话方式，或者是印刷机改变了我们对书面内容的生产和消费方式。

即使我们的沟通方式没有发生任何变化，语言也会自然而然地发展下去。

从15世纪开始直至今天，从每个世纪挑一本书，读一读这7本书，就可以发现英语产生了多么明显的变化。即使是一本发布于20世纪早期的书，读起来也要费些精力。或者，就只是与比你年轻10岁的人在一起谈论流行文化，其中语言变化的速度也会让你疑惑"WTF[3]"是什

---

1 译者注：字首组合词（acronym），指可以单独发音的缩写词，如石油输出国组织OPEC（Organization of Petroleum Exporting Countries）。
2 译者注：首字母缩略词（initialism），指首字母缩写仍须以个别字母发音的词，如可移植文档格式PDF（Portable Document Format）。
3 译者注：WTF，"what the fuck"的缩写形式，意思为"什么玩意儿、搞什么"。

么意思。

的确，我们在不断地增加新词汇，并且改变现有词语的发音和含义。目前我们最喜欢的词语之一是"呆萌"（adorkable），它的意思正是你猜想的那样（一个可爱的笨蛋）。与此同时，像"放声大笑"（lol）这样的即时通信词语，它超越了字面意义而成为实用助词或共情标志——用来填补对话间隙空白的词语。

> **当你读到这本书时，新的媒介应该已经涌现，语言也已经发生改变。**

当你读到这本书时，新的媒介应该已经涌现，语言也已经发生改变。虽然作为人的根本不会改变，但我们的沟通方式会发生变化。这就是为什么我们的沟通需要不断地发展去反映我们办公室围墙以外的世界，就像我们的企业战略那样。作为建立良好沟通关系的机会，我们应该欣然接受新语言系统和沟通媒介。这些并不只是一时的潮流风尚，它们是我们"说人话"的方式。

因此……

就是这样,朋友们。如果我们已经都解释明白了,那么你已经拥有了所有需要的知识,请把它们应用到你的工作场所中去并且开始"说人话",创造能够获得关注度、投入度和影响力的沟通方式。

记住,没有正确或错误的着手点。你可以从任何一处开始,或深入或浅出,随你意愿。没错,无论你的角色或职责是什么,你可以将本书中提及的任一或所有策略应用到工作中去,立刻马上,你会看到改变。

即使如此,我们并不保证这将是一件简单的事。噢,糟糕,总会有很多家伙抛出各种各样出于好心的借口,告诉我们为什么不能这样做或不应该那样做。但是,在接下来的几年里,如果我们想要真正地帮助员工和企业,那么这就是我们必须做的事。

当然,如果有一天,我们都被机器人弄得失业了,到那时,我们希望你加入我们,一起探讨《如何说安卓语言》。

你打开电源了吗?

到那时再见,朋友们。

鸣谢

这本书建立在千条思想、观点、对话、会议、文章、实验和直觉的基础之上；在实际工作应用中经过重重测试、改进和重新测试。

我们无法彻底感谢通过种种方式为本书做出贡献的所有人。但是话说回来，有几个名字是有必要提及的。

最重要的是，这本书证明了我们是何其有幸，能够与来自世界各地企业的那些了不起的人一起工作。他们是为促进改变而不懈努力的领导者。他们是处于风口浪尖的人物，为了推动行业和企业向前发展而勇于做出不同的尝试。

感谢 Jasmine Omar 和她的团队，Gordon Bedford 和他的团队，Megan Tranter、Sarah Cuscadden、Randell Fuller 以及其他这些年来合作的不计其数的人——为有机会与你们合作而表达我们最衷心的感谢。

对于那些这些年来一直信任和支持我们的人，还有那些在必要时给予我们温柔助（催）推（逼）的人：Jason、Kim、Darren 和 Alison——谢谢你们。向 Jason 致以特别的敬意并"脱帽致意"（偷用他的话），谢谢你向我们敞开大门并将我们引荐给 Wiley 出版公司出色的人们。

说到 Wiley 出版公司……我要向 Lucy Raymond、Chris Shorten 以及他们的团队致谢，感谢你们相信我们的愿景，让我们的电子邮件中充满了风趣诙谐的打趣逗乐，感谢你们给予我们一个如此开心和轻松的出版经历。向 Jem Bates 致以我们最诚挚的歉意，因为那几千个你不得不删除的"牛津逗号"[1]。感谢你容忍珍在花园里追逐你的爱猫。噢，还有谢谢你以各种恰如其分的方式使这本书更加完善。我们原本想象中的编辑出版是一个充满焦虑的过程，然而事实证明它并不是。

我们要继续感激我们 Jaxzyn 的团队，谢谢你们过去和现在的支持，以及付出的聪明才智。致我们现在的全体工作人员——Bojana、Nadeen、Kenia、Tim、Jess、Kerrie 和 Narelle，以及经常合作的伙伴——来自 IP Assembly 的 Samwise、Barry P、Koi、Keri、Dave，以及 WMS 的 AK 和 Justin，你们都是最棒的。万分感谢你们所有人和我们一起分享这次经历。其中特别值得感谢的是 Barry P 为全书绘制的一系列荒诞（到精彩）的插图。

最后，向我们的家人和朋友表达我们的感激之情和爱意，我们在建立发展 Jaxzyn 和完成《如何说人话》这本书的过程中严重忽视了他们。向"The Triple Denim Cluuurb""PBC Sandwich Cluuurb""Lip My Stocking""Miss 'im""库伦宾自然徒步协会（CNTS）"表示谢意。谢谢你们没有从朋友圈中删除我们，即使我们有这样那样的缺点还依然爱着我们。毕竟，我们只是人类而已……

---

1 牛津逗号：指的是用英文枚举一些示例的时候，紧跟在并列连词（通常是 and 和 or）之前的那个逗号。例如："Ada likes strawberry, apple, and banana."这个句子中，and 之前的逗号，就是所谓的牛津逗号。因为牛津大学出版社要求作者必须在枚举的并列连词之前加上一个逗号，因此叫"牛津逗号"。

索引

2018 年度英联邦运动会，黄金海岸 41

PPT 演示文稿，应用不当 68、86、91、98、127

安全游戏策略 74

安然公司 166

案例

　　—安全设计课程名称 157–158

　　—安全视觉指南 74

　　—安全项目与语言 182

　　—安全教育活动 58

　　—创新与讲故事 99–100

　　—沟通 204

　　—沟通方式 203

　　—好奇心 31–32、33、36、37

　　—积极情绪应用 112–113

　　—惊讶 56、58

　　—老年护理与讲故事 93–94

　　—米娅和巧言石 31–32、43–44、56

　　—情绪管理 109

　　—视觉吸引力 69–70、74

　　—视觉与公司变革 76–77

　　—视觉与品牌建设 76–77

　　—舔手肘 29–30

　　—兔子主题活动 26–28、36

　　—文化改变与语言 169–171

　　—无名英雄与讲故事 97–98

　　—西瓜坠落 58

　　—幽默 121–122

　　—预期 43–44、56

　　—指标手册卡 69–70

被动和主动语态 143–144

标题党 26

表情符号 198–200

彩虹糖 67

词语选择 141–152 另见 沟通；语言与感知；信息传递方式；视觉语言；名字

　　—包容 vs 排外 148–149、184

　　—变化 148–149

　　—抽象语言 vs 具象语言 145–146、

150
　—公司价值 146
　—鼓励性语言 144–145, 150
　—行话 77, 132, 136, 147, 148, 151,
　　182, 208
　—间接语言 137
　—建立联结 106
　—实操建议 150–151
　—熟悉与包容 147–148
　—修辞语言 vs 关系语言 145
　—影响力 134, 145, 146, 147–148
　—与情绪的关系 106–109
　—正式语言 vs 口语 147
　—重要性 150–151
　—主动语态 vs 被动语态 143–144
　—注意力/关注度 142, 167
　—作用 141
大脑间亲密关系 96
大脑结构与功能
　—好奇心 31, 33
　—讲故事 94–95
　—惊讶 55
　—情绪 106–108, 110
　—视觉感官 67–68, 71–72
　—习惯化 83–85
　—学习 85
　—预期 48–49
风格指南 75–76, 87–89
峰终理论应用于客户服务 60
复杂性的问题 127–139
　—辨识 vs 回忆 138–139

　—不完整 138
　—大脑结构与功能 137, 138–139
　—环境背景 131–132, 134
　—简化 129–130
　—简化 vs 极简主义 132–133,
　　134–135
　—结构与秩序 138
　—解决 129
　—内容 130, 132–133
　—认知负担 134–137
　—视觉 vs 言语 136–137
　—顺序 138
　—影响力 127, 129
　—语言 135–137
　—重要事项 132–133
　—注意力/关注度 127, 130, 134,
　　138
　—准备好 127–128
　—做决定 134–137
副语言 见 身体语言
高推理语言 144
沟通 另见 复杂性；语言与感知；
为平庸找借口；信息传递方式；名
字；风格指南；视觉语言；词语
　—避免复杂性 127–139
　—不完整 139
　—非言语 191–192
　—改变 56–57
　—环境背景 131–132, 134
　—简化 129–130
　—简化 vs 极简主义 132–133,

　　　　134–135
　　—结构与秩序 138
　　—目的 129, 187
　　—内容 130, 132–133
　　—情绪 105–106
　　—认知负担 134–137
　　—视觉 vs 言语 136–137
　　—受众 121–122
　　—双向 201–202, 204
　　—顺序 138
　　—为平庸找借口 207–215
　　—习惯化 83, 85–87
　　—消除歧义 136
　　—学习 53, 57, 59
　　—有效 88–89, 146
　　—重要事项 132–133
　　—专业行话 77, 132, 142, 147, 148,
　　　151, 168, 173, 183, 208
购物决策 110
鼓励性语言 144–145, 150
海马 SN/VTA 回路 55
好奇心 23–39, 41, 43, 134
　　—案例 26–27, 29–30, 31–32, 33,
　　　36
　　—不完整 36
　　—大脑结构与功能 31
　　—定义 23
　　—改变 26
　　—关系 25
　　—广告 26
　　—记忆与回忆 33

　　—惊讶 57
　　—难以预见 39
　　—神秘 37
　　—实操建议 36–39
　　—投入度 25, 30, 42, 43
　　—威胁 34–35
　　—新颖 38
　　—学习 23, 24–25, 28, 30–31, 33,
　　　35, 134–135
　　—影响力 23, 25–26, 29–30
　　—预期 45
　　—注意力，吸引 23–30, 39
　　—作用 23–25
好奇心缺口 25–26, 28–29, 36
积极聆听 204
积极偏见 61
记忆与回忆
　　—辨识 vs 138–139
　　—好奇心 33
　　—名字 156–157
　　—视觉感官 72
　　—语言 170–171
简化 vs 极简主义 132–133, 134–135
健康和保健倡议活动 29–30
讲故事 62, 91–102
　　—案例 93–94, 97–98, 99–100
　　—编织 98–99
　　—阐释 91–92
　　—大脑间亲密关系 96
　　—大脑结构与功能 94–96
　　—分享 101

—感官，调动 94-95

—认知耦合 95

—神经振荡 95

—实操建议 101-102

—视觉形式 102

—文化构建 92

—学习 91, 92, 93-94, 101

—以人为本 94

—英雄旅程 99

—影响力 96, 101, 102

—语言加工 96

—作用 91, 92, 96, 99

惊讶 53-65

—案例 56, 58

—大脑结构与功能 55

—好奇心 56-57

—例行公事 vs 59-60

—期待 54

—情绪 59

—容忍度 59-60

—时机 59-60, 64

—实操建议 63-65

—投入度 54-55

—学习 53, 57, 58

—影响力 59-61

—预期 54, 62

—震惊 vs 60-61, 65

—注意力/关注度 53, 54, 55-56, 60-61

—作用 53-55, 57

快乐 45, 47

例行公事，舒适 65

米娅和巧言石 31-32, 43-44, 56

名字 153-162

—案例 157-158

—分类 156-157, 158-159, 161

—分类的利弊 156-157

—关系的象征 160

—孩子 155-160

—回忆 156-157

—角度 158-159

—人力资源 158-159

—实操建议 161-162

—投入度 157-158

—学习 156-158, 161

—影响 153-154

—影响力 153-154, 155-156, 157, 158-159, 161

—作用 154-156

难以预见 39

品牌建设

—内部与外部 69-70, 75-76, 81, 87-89

—视觉 75-77

—习惯化 86-89

—作为借口 207-209

为平庸找借口 207-215

—成本 207, 210

—传统 207, 210

—法律 207, 208

—复杂性 207, 209

—品牌建设 207-209

—畏惧 207, 210–211
　　—影响力 207–208
　　—注意力/关注度 207, 210
　　—专业主义 207, 211–215
期待 43
　　—不切实际 34
　　—管理 43, 46–47, 50
　　—惊讶 54
情感标签 107–108
情绪 105–114
　　—案例 109, 112–113
　　—大脑结构与功能 106–108, 110
　　—沟通 105–106
　　—购物决策 110
　　—规范 107, 114
　　—行为改变 110–112
　　—加强 45–46
　　—联结 106
　　—身体反应 112
　　—实操建议 114
　　—消极 vs 积极 110–112, 114
　　—学习 105, 106, 110–112, 114
　　—影响力 106, 111
　　—与语言的关系 106–108
　　—正念 108, 109, 114
　　—注意力/关注度 110
　　—作为导向 114
　　—作用 106–108
情绪性语言 144
人力资源，命名 161–162
认知

　　—负担 134–137
　　—构建 50, 154
　　—耦合 95
日志与期刊 109, 121–122
瑞士军刀 127–128, 131–132
色彩，使用 72, 78, 80
身体语言 190, 191 另见 未说之话
神经科学 见 大脑结构与功能
神经振荡 95
失败，恐惧 35
失望 46
时机
　　—惊讶 64
　　—震惊 60–61, 65
时间尺度 34
实操建议 26
　　—词语 150–151
　　—好奇心 36–39
　　—讲故事 101–102
　　—惊讶 63–65
　　—名字 161–162
　　—情绪 114
　　—视觉感官 78–81
　　—信息传递方式 203–204
　　—幽默 124
　　—语言 183–185
　　—预期 48–50
市场营销和广告策划 26, 46, 60–61, 110, 118
视觉感官与方法 67–81
　　—案例 69–70, 74, 76–77

—差异化 75–77, 80
—大脑结构与功能 67, 70–71
—好奇心 75
—记忆与回忆 72
—惊讶 75
—联结 69, 76
—偏爱倾向 67–68
—品牌建设 75–76
—品牌建设，内部与外部 69, 75–76, 80
—情感和数据 72–73
—设计 68
—实操建议 78–81
—数据，表示 72–73, 79
—言辞 vs 137
—习惯化 75
—学习 70–72
—移动物体的吸引力 71
——致性 75–76
—应用视觉 78
—在讲故事中 102
—注意力/关注度 67–69, 71, 73, 80, 81
—作用 67–69
视觉语言 197–201, 217 见 视觉感官与方法
—利弊 200
数字和数学 171–172
投入度
—复杂性 127, 128, 129, 134
—好奇心 25, 30, 42, 43

—讲故事 91, 92, 94, 99, 101
—惊讶 53, 55
—名字 158
—平庸 207, 208, 211
—信息传递方式 187, 193, 195
—幽默 117, 121
—长期 55
未说之话 190, 191–192
习惯，形成 83
习惯化 83–89, 123
—不可预测性 87
—大脑结构与功能 84–85
—风格指南 87–89
—沟通 83, 86–87
—解释 83
—品牌建设 87–89
—速度 86–87
—显性与隐性思维 84–85
—学习 84, 85
—注意力 83, 84, 85, 87, 88, 102
象形符号 198
消极 110–113
销售代表"现场销售指南"，利亚姆 109, 121–122
笑的乖讹论 119
笑的释放论 119–120
笑的优越论 119
信息传递方式 187–204
—短消息 195–196
—发简讯 195–196
—口头语言 188–191

—口头语言表现 192–193
—身体语言 190, 191
—实操建议 203–204
—视觉语言 197–201, 217
—手势 200–201
—手势语 200–201
—手语 191
—书面语言 193–195
—双向沟通 201–202, 204
—说话的起源 188–189
—未说之话 190, 191–192
—异步通信 195–196
—影响力 187, 188, 189, 191, 202, 209
—正式演讲 192–193
—注意力 187, 188, 198
—作用 188
形意符号 198
修辞语言 145
选择性感知 61
学习
—大脑结构与功能 84–85
—复杂性 135
—好奇心 23, 24–25, 28, 30–31, 33, 35, 134–135
—讲故事 91, 92, 93, 101
—惊讶 53, 57, 58
—名字 156–158, 161
—情绪 105, 106, 110–113, 114
—视觉 71
—习惯化 84–85, 85–86

—婴儿 57
—幽默 117, 122
—语言 170–173, 175–177, 178, 179, 189
一致性 75–76, 81, 86
意音文字 197
隐喻 173–175
英雄旅程 99
影响力
—词语 134, 144–145, 145, 148
—复杂性 127, 129
—讲故事 96, 101, 102
—惊讶 101
—名字 153–154, 155–156, 157, 158–159, 161
—平庸 207, 209
—情绪 106, 111
—视觉 68, 101
—信息传递方式 187, 188, 191, 202, 209
—幽默 118
—预期 43, 50
优步公司 166–167
幽默 117–125
—案例 121–122
—变化 123
—不同年龄层 123, 124
—大脑结构与功能 119
—发笑 119–120
—风险 117, 122–123
—类型 120, 124

—理论 119-120

—社交功能 119, 120

—实操建议 124

—文化 118, 122-123

—吸引力 119-122

—学习 117, 122

—影响力 118

—注意力 118, 119, 122

—作用 117-118

语言与感知 另见 沟通；信息传递方式；名字；视觉语言；词语选择

—案例 169, 182

—表现 167

—大脑结构与功能 95-96

—洞穴壁画 181-182

—多种类型 143-149

—翻译 180-182, 185

—方位，命名 178-179

—分类 175-177

—共享 168-169, 183-184

—关注 177-180

—回忆 171

—基调 168

—间接 137

—情绪 106-109

—时间概念 173-174, 176-177

—实操建议 183-185

—数字和数学 171-173

—思维和文化等 170-171

—文化变革项目 169

—文化身份 165-166

—文化与亚文化 165, 166, 167-171, 180-182, 185

—学习 171-173, 175-177, 178-180, 189

—隐喻 173-175

—语言影响 170

—语言之间的差异 170-177, 180-182

—注意力 167, 170, 171, 178, 180, 183

—作用 94, 165, 167-168, 170-171

预期 41-51

—案例 43-44

—摧毁 41-42

—大脑结构与功能 45

—定义 41

—购物 45

—好奇心 45

—节奏，控制 48-49

—惊讶 57, 62

—利用 42-43

—期待，管理 43, 46-47, 50

—情绪，加强 45

—人脉 44

—实操建议 48-50

—思维模式，影响 43

—影响力 43, 50

—注意力 41, 42, 44, 49

预期思考 50

震惊 另见 惊讶

—宣传活动 111

正念 108, 109, 114, 121–122

知觉防御 61

重复性工作 85

咒骂 108

注意力/关注度

 —词语 142, 167

 —复杂性 127, 129, 134, 138

 —好奇心 23, 24, 25, 26, 28–30, 39

 —讲故事 102

 —惊讶 53, 54, 55, 61, 64, 65

 —平庸 207, 210

 —情绪 106, 110–111

 —视觉 68, 70, 71, 73, 75, 80, 81

 —习惯化 83, 84, 85, 87, 88

 —信息传递方式 187, 188, 198

 —幽默 118, 119, 122

 —语言 167, 170, 171, 180, 183

 —预期 41, 42, 44, 49

专业行话 77, 132, 142, 147, 148, 151, 168, 173, 183, 208

专业主义 207, 211–215

准备好 127–128

做出决策 110, 134–137